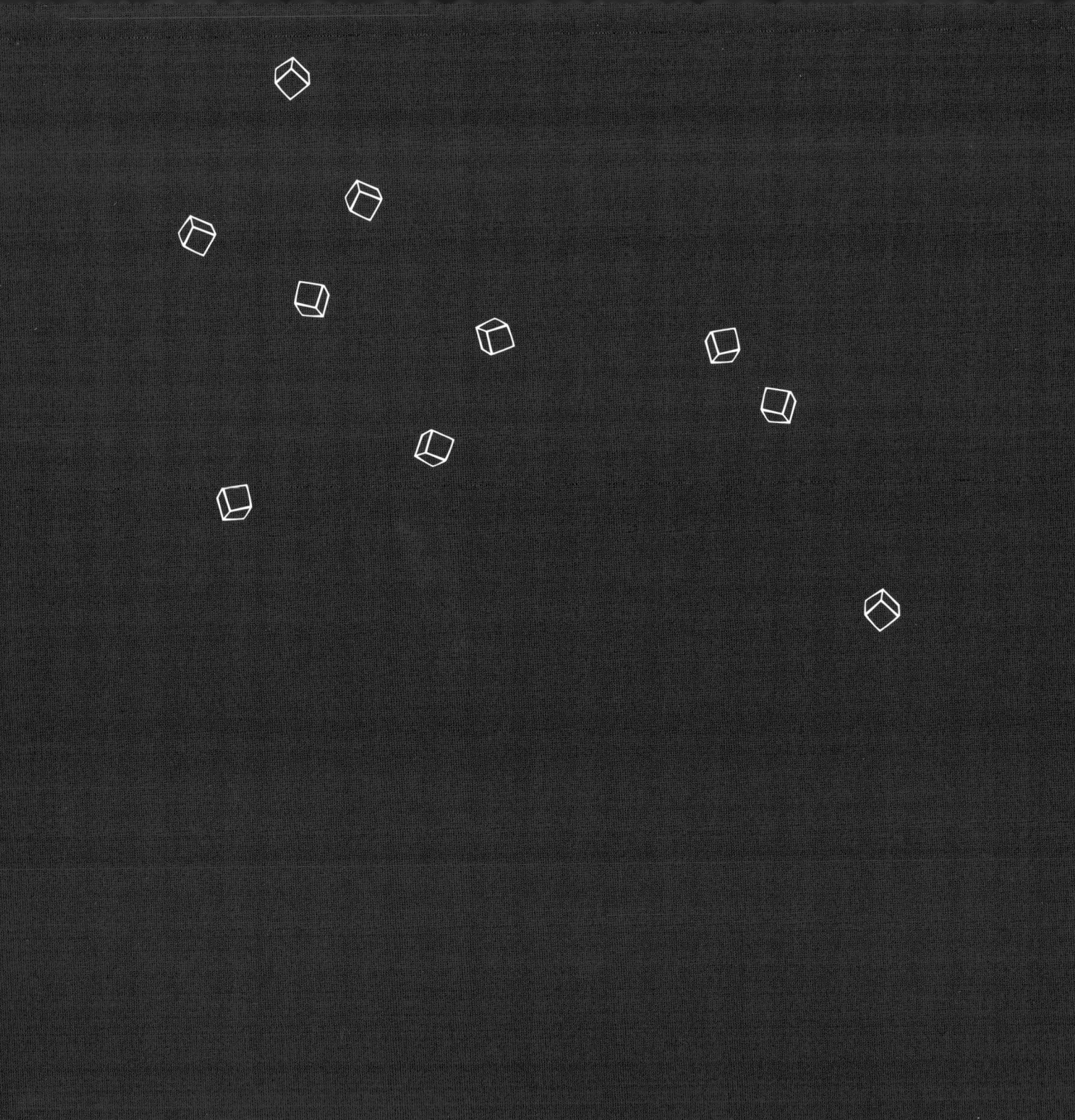

Die 30 Tage

Xucker Challenge

Einen Monat genussvoll zuckerfrei leben

Xucker

Ein süßes Vorwort

Hallo, mein Name ist Christian Weiten. Ich habe die Xucker GmbH gegründet, um mit Hilfe der Zuckeralternativen Xylit und Erythrit so vielen Menschen wie möglich süßen Genuss ohne Zucker zu ermöglichen.

Wie kam ich auf die Idee? Lange Zeit war Zucker ein teurer Rohstoff zum bedachten Würzen. Süße Gerichte oder Schokolade wurden an Feiertagen als etwas Besonderes serviert. Seit Zucker günstig produziert werden kann, ist der Zuckerkonsum stark gestiegen. Die Ernährungsindustrie hat das Suchtpotential von Zucker entdeckt und nutzt es intensiv: Heute werden schon Kinder mit Süßem geködert, um sie lebenslang emotional an Marken zu binden. Mit bewusstem Genuss hat das wenig zu tun. Genau davor wollte ich meine Kinder schützen.

Meine Mitarbeiter und ich haben mit Xucker® eine Marke geschaffen, die eine gesunde und nachhaltige Alternative zu Zucker bietet. Wir glauben, dass die meisten Menschen gut ohne Zucker leben können, wenn ihnen Alternativen angeboten werden.

Süßen Geschmack verbinden wir oft mit positiven Erinnerungen und Gefühlen. Ein Verzicht auf Zucker ist daher auch ein emotionaler Verzicht und nur mit einem olympischen Durchhaltevermögen realisierbar. Deshalb klärt dieses Buch nicht nur über die Folgen des steigenden Zuckerkonsums auf, sondern gibt auch Handlungsempfehlungen und zeigt, wie genussvoll eine gesunde Ernährung sein kann. Ich möchte dich deshalb zu unserer 30 Tage Xucker Challenge einladen. Sie wurde von unserem Experten-Team in Kooperation mit innovativen Bloggern entwickelt, die genau wie ich an einen gesunden Genuss ohne Zucker glauben.

Die Xucker Challenge kann dir helfen, Zucker und ungesunde Kohlenhydrate aus deinem Leben zu streichen, ohne dabei auf Süßes zu verzichten. Ich verspreche dir: Es ist großartig, Zucker-befreit zu sein!

Xucker statt Zucker:
Süßer Genuss mit
gutem Gewisssen
ist möglich!

Christian Weiten

Inhaltsverzeichnis

1. Zucker –
ein bitterernstes Thema

Gründe, den Zuckerkonsum zu senken

Das Thema „Zucker" wird medial heiß diskutiert. Spätestens nachdem die Richtlinien der Weltgesundheitsorganisation (WHO) im Frühjahr 2016 eine maximale Zuckerzufuhr von 8 Zuckerwürfeln (25g) pro Tag empfehlen, geht ein großer Aufschrei durch die Bevölkerung. Aus gutem Grund: Der tatsächliche Zuckerverzehr liegt momentan bei ca. 30 Zuckerwürfeln (90 g) pro Person. Wir essen demnach mehr als drei mal so viel Zucker, als für uns gut ist. Das hat unangenehme Konsequenzen: für unsere Gesundheit und für unsere Gesellschaft.

Über Zucker wird schon lange gestritten. Der Ernährungswissenschaftler John Yudkin warnte bereits im Jahr 1972 vor den Folgen von Zucker. Yudkin wurde von der Ernährungsindustrie und anderen Wissenschaftlern zum Schweigen gebracht, seine Thesen entwertet. Mittlerweile ist den meisten klar, dass Zucker ein problematisches Lebensmittel ist, weil es die Entstehung von Übergewicht und anderen ernsthaften Erkrankungen fördert. Doch warum wird Zucker von Yudkin und der WHO derart verteufelt? Das hat mehrere Gründe, die wir in den nächsten Kapiteln näher beleuchten:

1. Zucker kann suchtähnliche Symptome auslösen: Die Lust auf Süßes wird uns in Kindertagen antrainiert. Bereits unser „innerer Urmensch" weiß, dass süße Früchte einen wichtigen Energieschub versprechen. Zucker löst in unserem Gehirn eine Aktivierung des Belohnungssystems aus, wie man es auch nach dem Konsum von Drogen beobachten kann. Kurzzeitig entsteht durch Zucker daher ein Glücksgefühl, welches sich normalerweise nur einstellen würde, wenn wir eine schöne Erfahrung machen oder mühevoll ein Ziel erreicht haben. Besonders in stressigen Zeiten neigen wir dazu, viel Süßes zu essen, um diesem kurzen Glücksrausch zu verfallen. Mit der Zeit nimmt der tägliche Zuckerkonsum tendenziell zu. Das schlechte Gewissen stellt sich jedoch regelmäßig ein, sobald der Zucker verdaut ist (siehe Kapitel 2.2 „Zuckerfrei leben – das Genuss-Dilemma").

2. Ein hoher Zuckerkonsum korreliert mit Übergewicht, Bluthochdruck und Diabetes Typ 2: Normalerweise verwendet der menschliche Körper Zucker als Energiequelle für die Muskeln und das Nervensystem. Werden dem Körper jedoch Zuckermengen zugeführt, die über seinem Bedarf liegen, wandelt er die überschüssige Energie zu Fett um. Das Körperfett, das äußerlich als Fettpölsterchen sichtbar ist, dient dem Organismus als Energiereserve. Auf Dauer kann dies Übergewicht und Fettleibigkeit zur Folge haben. Laut Statistischem Bundesamt waren bereits im Jahre 2013 über 50 Prozent der erwachsenen Bevölkerung in Deutschland übergewichtig. Ein großer Körperumfang ist deshalb bedenklich, weil er einen Risikofaktor für Bluthochdruck und Typ 2-Diabetes darstellt. Diese Stoffwechselerkrankung, die durch erhöhte Blutzucker- und Insulinspiegel gekennzeichnet ist, wird oft erst im Zusammenhang mit Folgeerkrankungen wie einem Herzinfarkt, Schlaganfall oder Nervenleiden diagnostiziert. Nur

Eine Empfehlung für den Zuckerkonsum

– Einschätzungen der WHO –

Bei Überschreitung der empfohlenen Tages-dosis von **8 Zuckerwürfeln** drohen laut der Weltgesundheitsorganisation (WHO) etliche chronische Krankheiten

Übergewicht

Diabetes

ZUM VERGLEICH
Ø derzeitiger Tagesverbrauch pro Person:
30 Zuckerwürfel

Fettleber

Zivilisations-krankheiten

Müdigkeit

> „Würde nur ein Bruchteil dessen, was wir über die Folgen von Zucker wissen, über ein anderes Lebensmittel bekannt, es würde sofort verboten."

John Yudkin[2]

eine Ernährungsumstellung, ausreichend Bewegung sowie eine medikamentöse Behandlung helfen, diese Erkrankung und das Übergewicht wieder in den Griff zu bekommen.

3. Zucker führt zu einer schnelleren Zellalterung: Zu viel Zucker bewirkt, dass Körpergewebe wie Haut, Arterien und andere Organe schneller altern. Der süße Stoff ist nämlich in der Lage, sich in Körperzellen abzulagern und die Elastizität der Gewebe zu verringern. Zucker begünstigt also nicht nur Falten, sondern vermindert auch die Organfunktionen, fördert Entzündungen, Schlaganfälle, Bluthochdruck und Alterserkrankungen wie Grauen Star oder Rheuma (siehe Infokasten „Zucker in der Altersforschung", S. 18).

4. Zucker kann Infektionen und Krebs begünstigen: Zucker heftet sich zudem an weiße Blutkörperchen im menschlichen Blut, die normalerweise Viren entschärfen sollen oder Tumorbildungen bereits im Keim ersticken können. Je mehr die Aktivität dieser weißen Blutkörperchen durch Zucker gehemmt wird, desto größer ist die Erkrankungsgefahr. Noch dazu stimuliert ein hoher Blutzuckerspiegel die Ausschüttung von IGF (Insulin-like Growth Factor), einem speziellen Wachstumsfaktor. Ein dauerhaft erhöhter IGF-Spiegel kann körperliche Verschleißerscheinungen wie Muskelschmerzen, Diabetes, Ödeme oder Tumore zur

Folge haben (siehe Infokasten „Zucker in der Altersforschung", S. 18).

5. Zucker begünstigt Karies und Parodontitis: Schon Kinder wissen es: Zucker ist der beste Freund kleiner Kariesbakterien, einer besonderen Streptokokken-Art, die eine Entmineralisierung der Zähne begünstigt und schmerzhafte „Karies-Löcher" in den Zähnen verursacht. Mittlerweile sind in Deutschland laut Statistischem Bundesamt nur ca. ein Prozent aller Erwachsenen frei von Karies. Auch Parodontitis auslösende Bakterien ernähren sich von Zucker. Diese Zahnkrankheit entsteht, wenn sich Bakterien an den Zahnhälsen ablagern und Entzündungen des Zahnfleisches hervorrufen. Unbehandelt kann Parodontitis zu Zahnverlust führen, da der Zahnhalteapparat irreversibel zerstört wird. Außerdem können bakterielle Entzündungen im Mund das Herz belasten.

Weil die Lebensspanne unserer Bevölkerung steigt und wir immer älter werden, ist es ratsam, den Zuckerkonsum zu senken. Denn wer im Alter sein Leben aktiv und gesund genießen möchte, verkleinert schon in jungen Jahren die bedeutendsten Risikofaktoren. Zu ihnen zählt nach heutiger Studienlage neben Rauchen und Alkoholgenuss ganz klar Zucker.

Da wir Menschen emotional handeln, fällt es uns schwer, auf süße Lebensmittel zu verzichten bzw. den Konsum zu reduzieren. Zucker befindet sich heutzutage im Großteil aller Lebensmittel, die uns die Nahrungsmittel-Multis auftischen. Es reicht daher nicht aus, nur auf die „süßen Sünden" wie ein Stück Schokotorte zu verzichten oder den Kaffee weniger zu süßen: Den Zuckerkonsum kann man heute nur einschränken, wenn man sich auf akribische Spurensuche in Zutatenlisten und Nährwertangaben begibt: Fettreduzierter Frischkäse, Chips, Gemüsesuppe, eingelegte Gurken oder Soßen – fast jedes Fertigprodukt enthält zugesetzten Zucker.

Die Suche nach „schlechten" Inhaltsstoffen bezieht Zucker, aber auch andere Inhaltsstoffe Transfette, Gluten, Laktose, Weißmehl, Soja oder tierische Bestandteile ein. Kritische Konsumenten verzichten aus gesundheitlichen oder ethischen Gründen bewusst auf bestimmte Produkte, oft nur aufgrund einzelner Lebensmittelbestandteile. So haben wir uns mehr und mehr zu einer „Verzichtsgesellschaft" entwickelt. Ernährung – das was wir essen und das, was wir eben nicht essen – wird zu einem Ausdruck unserer Individualität. Deshalb gibt es Lebensmittel für Veganer, Vegetarier, für die fettreduzierte oder kohlenhydratreduzierte Ernährung. Regionale Lebensmittel werden ebenso ausgewiesen wie Bio-Produkte. Eines bleibt dabei oft auf der Strecke: Das Genießen ohne Schuldgefühle, ein Gefühl des Fallenlassens, das viele nur noch aus Kindertagen

kennen. Schon beim Verzehr eines Kuchenstücks schwirren die Kalorien, Fette und Kohlenhydrate im Hinterkopf herum, auf die sich der Körper nach dem Verzehr einzustellen hat. Der Kuchen bringt uns dann weder Genuss noch Gesundheit. Wir befinden uns regelrecht in einem Genuss-Dilemma (siehe Kapitel 2.2 „Zuckerfrei leben – das Genuss-Dilemma").

Wie sehr sich Menschen mit ihrer eigenen Ernährung unter Druck setzen, stimmt uns nachdenklich und motiviert uns, jedem Konsumenten Genuss mit gutem Gewissen wieder zu ermöglichen. Unsere Produkte enthalten genau aus diesem Grund keinen zugesetzten Zucker und nur wenige und ausgewählte Inhaltsstoffe. Wir haben den Anspruch, dass unsere Produkte einen „Wow"-Effekt haben: Xucker soll nicht nur nach einer gesunden Alternative zu zuckerhaltigen Produkten schmecken. Vielmehr wollen wir hochwertige Süßigkeiten und Rezepte entwickeln, bei denen du staunst, dass sie ohne Zuckerzusatz auskommen können (siehe Kapitel 2.3 „Bewusster Genuss statt Verzicht").

Hier knüpft unsere Xucker Challenge an. In den 30 Tagen lernst du Rezepte kennen, die eine genussvolle und abwechslungsreiche Ernährung ermöglichen. Entdecke aufregende neue Zutaten und Zubereitungsmethoden, neue Aromen und mach dich und deine Liebsten damit glücklich. Schließlich geht Liebe (auch) durch den Magen (siehe Kapitel 3 „Die 30 Tage Xucker Challenge").

2. Süßes mit gutem Gewissen genießen

In Deutschland haben wir einen „süßen Zahn", der beim Anblick von Kuchen, Schokolade, Desserts und Co. zu tropfen beginnt. Rund 10 kg Schokolade, 7 kg Backware, 4 kg Speiseeis und 6 kg weitere Süßwaren wurden im Jahr 2016 im Durchschnitt pro Person vernascht[3]. Die innige Liebe der Deutschen zum süßen Geschmack spiegelt sich aber auch im Zuckerverzehr wieder. Im Jahr 2013 lag der Konsum in Deutschland bei rund 32 kg pro Person[4]. Das bedeutet, dass jeder Bürger durchschnittlich 90 Gramm Weißzucker, also 30 Zuckerwürfel pro Tag vertilgt. Der Großteil des Zuckers wird jedoch nicht durch Süßigkeiten, sondern vor allem durch versteckte Zuckerquellen aufgenommen. Die Industrie nutzt Zucker als Geschmacksverstärker mit potentiellem Suchtfaktor, der auch vor fettreduzierten Diät-Produkten, Brotaufstrichen, Chips, Wurstwaren, Fruchtsaftgetränken, Käsezubereitungen und anderen Fertigwaren keinen Halt macht.

Doch warum die Aufregung? Ist Zucker nicht lediglich eine Energiequelle, wie Fette und Eiweiße auch? Müssen die Energieträger tatsächlich in gute und schlechte Kalorien unterteilt werden? Um dies zu beantworten, unternehmen wir einen kurzer Abstecher in die Nahrstofflehre: Zwar weist jedes Gramm Kohlenhydrate – außer Zuckeralkohole und Ballaststoffe – etwa 4 Kilokalorien auf, doch unterscheiden sich die Kohlenhydratgruppen: Vielfachzucker wie Stärke und Ballaststoffe bestehen aus langen Zuckerketten. Langkettige Stärke aus rohem Obst oder Gemüse kann der Körper nur schleichend zu Zucker verwandeln.

Der Blutzuckerspiegel steigt deshalb nur langsam an und das Sättigungsgefühl ist langanhaltend. Unverdauliche Ballaststoffe kommen natürlicherweise in Gemüse oder Vollkorngetreide vor. Sie nehmen bei der Verdauung Flüssigkeit auf, wirken so wie eine Sättigungskapsel und beleben die Darmaktivität.

Anders verläuft es bei „leeren" Kohlenhydraten: Die süß schmeckenden Einfach- und Zweifachzucker, wie Glucose (Traubenzucker), Fructose (Fruchtzucker), Saccharose (Haushaltszucker) oder Laktose (Milchzucker) werden Lebensmitteln oft zugesetzt. Sie liefern dem Körper zwar schnell Energie, haben aber keinen weiteren Nutzen für ihn. Das Gleiche gilt auch für Mehl- oder Reisprodukte ohne Vollkornanteil. Die darin enthaltene kurzkettige Stärke kann der Organismus rasch zu Zucker zerlegen. Der Blutzuckerspiegel steigt schnell an, was eine enorme Freisetzung von Insulin zur Folge hat. Dieses Hormon regt die Körperzellen dazu an, Zucker aufzunehmen und in Körperfett umzuwandeln. Dadurch wird der Blutzucker schnell abgebaut, Hunger entsteht. Dieser Prozess kann zu suchtähnlichen Kreisläufen führen (siehe Infokasten „Der Teufelskreis nach dem Essen", S. 16).

Als besonders gefährlich gilt der Einfachzucker „Fructose", der deutlich süßer schmeckt als Haushaltszucker. Er wird Fertiggerichten und Süßigkeiten oft zugesetzt und kommt hochkonzentriert in Erfrischungsgetränken vor. Als „Fruchtzucker" bezeichnet, vermittelt er Konsumenten bei

Was ist eine glykämische Last?

Der glykämische Index (GI) ist ein Wert, welcher beschreibt, wie stark der Blutzuckerspiegel durch ein Lebensmittel ansteigt, bezogen auf den normalen Blutzuckerspiegel. Das Problem des GI liegt darin, dass er den Blutzuckeranstieg auf das gesamte Lebensmittel bezieht und nicht auf entsprechende Portionsgrößen eingeht. Eine Wassermelone und ein Weißbrot haben somit in etwa den gleichen GI. Die glykämische Last (GL) ist alltagstauglicher. Sie beschreibt auf den GI aufbauend die Kohlenhydratmenge bzw. den Blutzuckeranstieg pro 100g eines Lebensmittels, wodurch eine Wassermelone mit einem GL-Wert von 6 deutlich unter dem eines Weißbrotes mit einem GL-Wert von 39 liegt.

Hoch	Mittel	Niedrig
Cornflakes (GL 72)	Polenta, Maisgrieß (GL 20)	Kichererbsen (GL 4,6)
getrocknete Datteln (GL 66)	Vollkornbrot (GL 18)	Marmelade, ungezuckert (GL 4,5)
Marmelade (GL 45)	Süßkartoffeln (GL 12)	Blumenkohl (GL 0,8)
Weißbrot (GL 34)	Linsen (GL 12)	Xylit (GL 0,4)
Müsli, ungezuckert (GL 25)	Kartoffeln (GL 11)	Erythrit (GL 0,004)

Fertigprodukten das Gefühl, einen gesunden und natürlichen Zucker zu konsumieren. Fructose hat jedoch Nachteile für den Körper: Sie überfordert die Leber, die den speziellen Zucker sofort zu Körper- und Leberfett umwandelt. Eine Fettleber kann daher nicht nur ein Symptom dauerhaft erhöhten Alkoholkonsums, sondern auch ein Zeichen für eine ständig überhöhte Fruchtzucker-Zufuhr sein. Zum anderen steht Fructose im Verdacht, das Sättigungsgefühl zu hemmen oder sogar dauerhaft zu stören. Die Deutsche Gesellschaft für Ernährung (DGE) empfiehlt täglich 2 Portionen frisches Obst[5], also zwei Hände voll Früchte oder vier Hände voll Beeren zu verzehren. Der in

Der Teufelskreis nach dem Essen

– Zucker und leere Kohlenhydrate –

1. Zucker-verzehr

2. Blutzucker steigt an

6. Der Hunger kommt!

3. Aktivierung von Insulin

5. Blutzucker sinkt

4. Aktivierung im Hirn

dieser Menge Obst enthaltene Zucker ist unproblematisch. Wird diese Menge jedoch dauerhaft überschritten, kann auch ein übermäßiger Obstverzehr negative Auswirkungen zur Folge haben. Noch gravierender verhält es sich mit Saft. Ein Glas weist den Fruchtzuckergehalt mehrer Portionen Obst auf. Es ist daher sinnvoll, Obstsäfte selbst herzustellen und mit Gemüse zu ergänzen. Viele im Handel erhältliche Fruchtsäfte haben einen hohen Zuckergehalt.

So wie es unter den Kohlenhydraten Übel- und Wohltäter gibt, existieren diese auch bei den anderen Energielieferanten: Mehrfach ungesättigte Fette wie Omega-3-Fettsäuren aus Meeresfischen, Leinöl oder Avocados, haben einen positiven Einfluss auf die Blutfettwerte und den Cholesterinspiegel. Gesättigte Fettsäuren, die vor allem in tierischen Produkten vorkommen oder vor allem Transfette, die beim Überhitzen von Ölen entstehen, können sich negativ auf das Herz-Kreislauf-System auswirken. Sie sollten nur in geringen Mengen verzehrt werden. Bei der Proteinversorgung ist es am besten, wenn die lebenswichtigen Aminosäuren durch verschiedene Lebensmittel aufgenommen werden. Zu einem Eiweißmangel kommt es in der westlichen Gesellschaft jedoch sehr selten.

Außer Zucker und Transfetten bringen alle Energielieferanten verschiedene Funktionen für den Körper mit sich: Dank Fetten kann der menschliche Körper die lebenswichtigen Vitamine A, D, E und K überhaupt erst aufnehmen. Mehrwertige Kohlenhydrate stabilisieren mitunter Körperzellen, versorgen das Gehirn mit Energie und sind für einen stabilen Blutzuckerspiegel zuständig. Proteine und Kohlenhydratbausteine sind unerlässlich für die Signal-übertragung in Nervenzellen und ein wichtiger Faktor für die Immunabwehr sowie für die Bildung von Hormonen.

Es gibt immer wieder neue Trends, den Fokus auf nur einen der Energielieferanten zu legen, um die Ernährung zu optimieren: So wird in der ketogenen Ernährung weitestgehend auf verwertbare Kohlenhydrate wie Zucker und Stärke verzichtet oder zum Muskelaufbau übermäßig Eiweiß verzehrt. Solche extremen Ernährungsweisen bedeuten oft eine enorme Einschränkung in der Qualität der Ernährung und setzen – soll die Gesundheit keinen Schaden nehmen – ein breitgefächertes Wissen über Ernährungsprozesse und -bestandteile voraus. Ohne diese ernährungswissenschaftlichen Kenntnisse kann ein eingeschränkter Ernährungsstil kaum ohne negative Begleiterscheinungen durchgeführt werden. Studien zufolge wird das Diabetesrisiko zum Beispiel um 20 Prozent erhöht, wenn die Proteinzufuhr – bezogen auf die Gesamtkalorien – um 5 Prozent steigt[6]. Eine übermäßige Eiweißaufnahme, besonders aus tierischen Quellen, kann zudem Entzündungs- und Alterungsprozesse in Gang setzen. Ähnlich ist dies auch bei einem erhöhten Zuckerkonsum der Fall (siehe Infokasten „Zucker in der Altersforschung", S. 18).

Dieser Ausflug soll zeigen, dass eine gesunde, vollwertige Ernährung alle drei Energiequellen in einem ausgewogenen Maße beinhalten sollte. Wird bei der Wahl der Lebensmittel weitestgehend darauf geachtet, dass faserreiche und langkettige Kohlenhydrate, ungesättigte Fettsäuren und pflanzliche Proteine aufgenommen werden, stellt eine Mischkost die deutlich gesündere Ernährung dar als es bei restriktiven Ernährungsweisen der Fall ist.

Ein Energielieferant per se kann also nicht als „Sündenbock der westlichen Ernährung" beschuldigt werden. Im Interesse einer gesunden und ausgewogenen Ernährung sollten alle Energieträger in einem ausgewogenen Verhältnis im Ernährungsplan integriert sein. Die Deutsche Gesellschaft für Ernährung (DGE) empfiehlt beispielsweise eine Energiezufuhr, die zu über 50 Prozent aus Kohlenhydraten, zu 30 Prozent aus Fetten und 15 Prozent aus Proteinen besteht.[7] Wie dies in der praktischen Umsetzung aussehen kann, zeigen wir in Kapitel 3 unserer 30 Tage Xucker Challenge.

Zucker in der Altersforschung

Forscher konnten aus Tierstudien Erkenntnisse über den Einfluss von Zucker beim Altern gewinnen: Sie fanden heraus, dass ein starker Blutzuckeranstieg nicht nur die Ausschüttung des Hormons Insulin bewirkt, sondern auch des Wachstumsfaktors IGF-1 (Insulin-like Growth Factor 1). Der Faktor ähnelt Insulin in seiner Struktur. Er fördert zunächst das Wohlbefinden und regt die Bildung von Muskelmasse an. Dauerhaft kann IGF-1 allerdings auch an der Entstehung von Diabetes und Krebs beteiligt sein, da er die Zellteilung anregt und verhindert, dass der Körper Tumorbildungen rechtzeitig bekämpft.[8]

Auf kurze Sicht können Körpergewebe wie Haut, Organe und Arterien durch eine erhöhte Zuckerzufuhr außerdem an Elastizität verlieren: Zucker heftet sich nämlich an Eiweißstrukturen wie dem Kollagen in der Haut und geht Querverbindungen mit ihnen ein. Eine Vielzahl dieser Verbindungen macht Gewebe steif und spröde. Erkennbar ist dies nicht nur in Falten oder Rheuma, sondern auch in Herz-Kreislauf-Erkrankungen. Geht Zucker zudem Querverbindungen mit weißen Blutkörperchen ein, kann das Immunsystem an der Abwehr von Viren, Bakterien oder Krebszellen behindert werden.[9]

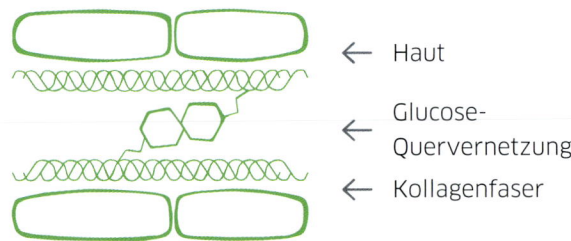

← Haut

← Glucose-Quervernetzung

← Kollagenfaser

Kurz: Zucker ist ein Stoff, den wir nur in Maßen genießen sollten. Obwohl wir wissen, dass der Verzehr zuckerhaltiger Lebensmittel unsere Gesundheit und das Wohlbefinden beeinträchtigt, fällt es uns schwer, das Verlangen nach Süßem abzustellen. Die Erklärung dafür ist so simpel wie ernüchternd: Das Verlangen nach süßem Geschmack ist tief in unseren Genen verwurzelt. Bereits unsere frühesten Vorfahren lernten, dass süße Früchte reif und gut verträglich sind. Wurde im Sommer genügend Fruchtzucker aufgenommen, konnte der Körper es effizient in Fett umwandeln und im Winter davon zehren. Unsere Grundversorgung ist heute gesichert, aber diese uralte Prägung sorgt dafür, dass uns Süßes einfach (zu) gut schmeckt.

Zucker kann und in einen wahren Glücksrausch versetzen, denn er kann ungehindert in das Gehirn gelangen und dort den Botenstoff Dopamin freisetzen, der wiederum das Belohnungssystem aktiviert. Besonders in stressigen Situationen, in denen das Essverhalten wenig reflektiert wird, greifen wir gerne zu Süßem.

Die Vorliebe für süßen Geschmack ist auch emotional begründet: Schon Goethe sagte: „Kein Genuss ist vorübergehend; denn den Eindruck, den er zurücklässt, ist bleibend."[10] Vor allem in der Kindheit sammelt jeder Mensch prägende Geschmackseindrücke, die mit Emotionen verknüpft werden. Bekanntermaßen löst der süße Geschmack oder der Duft von Gebäck ein Gefühl von Geborgenheit aus und oft genug ist das Trostpflaster bei Niederlagen ein Stück Schokolade oder eine andere lieblich-warme Leibspeise, die es in Kindheitstagen zu essen gab. Diese emotionale Verbindung macht es uns zusätzlich schwer, das Verlangen nach Süßem abzulegen – woran auch nichts auszusetzen wäre, würde Zucker wirklich nur aus purem Genuss konsumiert werden. Kulinarischer Genuss, allgemein definiert als positive Sinnesempfindung, die mit geistigem und körperlichem Wohlbehagen einhergeht, gehört zu einer glücklichen Lebensführung.

In den letzten Jahren hat die Forschung zu den Folgen ungesunder Ernährung und Übergewicht zugenommen. Restriktive Ernährungsweisen, bei denen auf bestimmte Lebensmittel aus ethischen oder gesundheitlichen Gründen verzichtet wird (z.B. Veganismus oder Vegetarismus), unterstützen eine ganzheitliche Betrachtung der Ernährung. Wissenschaftler und Ernährungspsychologen beschäftigen sich aus diesem Grund zunehmend mit dem Thema „Genuss". Ihr Fazit: Wir gönnen uns immer weniger! Dabei bezieht sich „gönnen" nicht auf den puren Konsum, sondern auf den bewussten Genuss eines Lebensmittels oder einer Leibspeise. Intensiver Genuss kann demnach vor allem erlebt werden, wenn auf Lieblingsspeisen eine Zeit lang verzichtet wird. Einem Großteil der Bevölkerung fällt das Genießen daher immer schwerer:

„Kein Genuss ist vorübergehend; denn der Eindruck, den er zurücklässt, ist bleibend."

Johann Wolfgang von Goethe[10]

Viele machen um Burger einen großen Kult. Immer häufiger werden sie in veganen oder vegetarischen Varianten angeboten. In Maßen genossen können solche Burger durchaus Teil einer ausgewogenen Ernährung sein.

Während die einen keinen Verzicht üben und sich den Versuchungen des Schlaraffenlands hingeben, haben andere schon ein schlechtes Gewissen, wenn sie sich von Zeit zu Zeit ein Stück Kuchen oder eine andere „ungesunde" Leckerei genehmigen[11, 13]. Doch wie ist es soweit gekommen? Zum einen steigt der gesellschaftliche Druck: Jeder Einzelne soll möglichst wenig Kosten im Gesundheitssystem verursachen und die Arbeitsfähigkeit bis ins hohe Alter erhalten.[12, 13] Zum anderen haben wir eine „Verbots- und Verzichtskultur" entwickelt: Ob aus ethischen Gründen, gesundheitlichen Bedenken, aus Angst vor Übergewicht oder vor Vergiftungen durch Fremdstoffe – das was wir essen, soll allein unserer Gesundheit dienen. Damit legen wir uns selbst Verbote auf und schränken uns in unserem Ernährungsverhalten ein. Die reine Freude am Essen bleibt auf der Strecke.[14]

So stehen wir vor einem regelrechten Genuss-Dilemma: Einerseits wollen wir aus Liebe zur Gesundheit „Verzicht" üben, andererseits sehen wir die verlockende Sahnetorte. Letztere können wir dann kaum genießen, weil das schlechte Gewissen bei jedem Happen aufschreit und Bilder von Zellalterung, Diabetes, Fettleibigkeit und Kontrollverlust vor unser geistiges Auge hält.

Der Konflikt zwischen Genuss und Gewissen ist ein zentrales Thema der heutigen Ernährung. Um diesen Konflikt wenigstens teilweise zu lösen, suchte Xucker-Gründer Christian Weiten sein halbes Leben nach einem Zucker, der natürlich und gesund ist, ebenso süß schmeckt und ähnlich wie Zucker zu verwenden ist.

Der entscheidende Auslöser kam im Jahr 2009, als Christian sich für einen innovativen Konzern der Gesundheitsbranche auf die Suche nach einem sündenfreien Werbegeschenk machte. Zu dieser Zeit begannen verzweifelte Naschkatzen auf natürliche Alternativen zu raffiniertem Haushaltszucker zurückzugreifen, wie Rohrohrzucker, Kokosblütenzucker, Honig oder Agavendicksaft. Einige dieser Zuckeralternativen weisen zwar einen niedrigeren glykämischen Index auf, doch handelt es sich bei dem Großteil dieser Zucker um keine gesunden Alternativen, sondern um eine Summierung verschiedener Zuckerarten, die mitunter kaum eine bessere Auswirkung auf den Körper haben als gewöhnlicher Haushaltszucker. Diese Zuckeralternativen kamen für Christian Weiten deshalb nicht mehr in Frage.

Als er schließlich bemerkte, dass Xylit zum Süßen in Zahnpflegekaugummis verwendet wird, testete er es als Zuckerersatz. Er stellte begeistert fest, dass er mit Xylit endlich eine kalorienreduzierte Zuckeralternative gefunden hatte, die süß wie Haushaltszucker ist und sich ebenso verarbeiten lässt. Noch dazu pflegt Xylit die Zähne, statt ihnen wie Zucker zu schaden.

Christian erkannte die Vorteile von Xylit für die Gesellschaft, sah aber auch, dass die Industrie dem Zucker noch lange treu bleiben würde. Die Verbreitung von Xylit wurde von da an zu Christians Berufung. Jede freie Minute widmete er dem Vorhaben, Xylit für jeden zugänglich zu machen, der nach einer Alternative zu Zucker sucht. Dafür wandelte Christian seine Werbeagentur gerne in einen Onlineversandhandel um. Die Marke Xucker® wurde im Mai 2010 eingetragen. Kurz darauf lernte der Xucker-Macher Erythrit und dessen Vorteile kennen: eine kalorienfreie Zuckeralternative, die mittels Vergärung von Traubenzucker hergestellt wird. Erythrit ist nicht so süß wie Zucker, aber sehr gut verträglich und so zahnfreundlich wie Xylit. Da war klar: Mit diesen „Xuckerstoffen" wird Zucker wirklich überflüssig!

Vor allem Sportler, Gesundheitsbewusste und Diabetiker haben die zuckerreduzierten Produkte von Xucker schnell für sich entdeckt. Christian und sein Xucker-Team haben aber noch viel vor: Xucker soll europaweit die führende süße Marke für gesunden Genuss werden. Unser Mantra „Xucker statt Zucker" steht für bewussten Genuss statt Verzicht: **Xucker ist besser süß**.

Xylit

Xylit gehört zu den Zuckeralkoholen und hat 40 % weniger Kalorien als Haushaltszucker, dem er in Geschmack und Konsistenz sehr ähnelt. Beim Süßen ersetzt Xylit gewöhnlichen Zucker eins zu eins. Für Xylit muss kein Baum extra gefällt oder Mais angebaut werden: Aus dem für Menschen unverdaulichen Zucker Xylose wird durch Hydrierung Xylit hergestellt – ganz ohne Gentechnik.

Xylit erhöht den Blutzuckerspiegel nur gering. Etwa ein Drittel des aufgenommen Xylits wird im Dünndarm resorbiert, in der Leber verstoffwechselt und zur Energiegewinnung genutzt. Zwei Drittel werden im Dickdarm von Darmbakterien in Fettsäurebestandteile verstoffwechselt. In den ersten Tagen des Verzehrs von Xylit ziehen die Bakterien dabei Wasser in den Darm, was die abführende Wirkung von Xylit ab einer Aufnahme über 0,5 Gramm pro Kilogramm Körpergewicht verursacht. Der Darm reguliert die Wasserabgabe jedoch rasch, sodass nach wenigen Tagen höhere Mengen Xylit vertragen werden.

Studien zeigen Zusammenhänge von Xylit auf die Gesundheit auf: Löst sich Xylit im Mund, erhöht der vermehrte Speichelfluss die orale Calciumphosphat-Konzentration, was die Bildung von Zahnschmelz unterstützt. Der erhöhte pH-Wert verhindert zudem die Vermehrung von Karies-Bakterien.[15] Zum anderen kann Xylit die Kalziumeinlagerung in die Knochen erhöhen, da es Kalzium im Darm bindet und dessen Aufnahme fördert.[16] Auch das Wachstum spezieller Bakterien, die Mittelohrentzündungen[17]

oder Lungenentzündungen bei Kindern[18] auslösen, kann Xylit Studien zufolge hemmen. Der Zuckeralkohol vermag außerdem bei Typ-2-Diabetikern die Insulinproduktion zu erhöhen und die Insulinresistenz der Zellen zu verringern[19]. Hier wird das Potenzial von Xylit für die Gesundheit deutlich, das in den nächsten Jahren weiter erforscht werden muss.

+ kalorienarm
+ süßt wie Zucker
+ Konsistenz wie Zucker
+ zahnfreundlich
+ gute Backeigenschaften

Erythrit

Der Zuckeralkohol Erythrit hat keine Kalorien. Seine Süßkraft entspricht in etwa 70 Prozent der von Haushaltszucker. Erythrit hinterlässt eine leichte Kühle auf der Zunge, da es seiner Umgebung beim Auflösen Wärme entzieht. Unser Erythrit wird in Frankreich mittels Fermentation hergestellt, wobei spezielle Hefepilze Traubenzucker (Glucose) verstoffwechseln. Mit speziellen Reinigungsverfahren wird die Reinheit auf 99,9% gebracht. In den USA ist Erythrit seit 1997, in der EU seit dem Jahr 2006 ohne Mengenbeschränkung als Lebensmittelzusatz zugelassen.

Erythrit wird im Darm fast vollständig resorbiert und über die Niere ausgeschieden. Weniger als 10 Prozent werden über den Darm abgeführt. Erythrit wirkt erst in Mengen von über 2 Gramm pro Kilogramm Körpergewicht abführend. Dennoch sollte es, wie alle Zuckeralkohole, zuerst nur in geringen Mengen konsumiert werden. Für Diabetiker eignet sich Erythrit wegen seiner blutzuckerneutralen Eigenschaften. Zudem weist es ähnlich wie Xylit eine zahnpflegende Wirkung auf, was durch neuere Studien belegt ist[20].

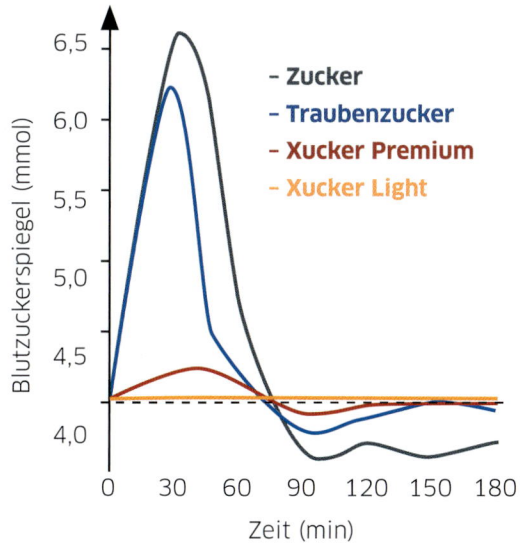

+ kalorienfrei
+ 70% so süß wie Zucker
+ Konsistenz wie Zucker
+ zahnfreundlich
+ blutzuckerneutral
+ sehr gut verträglich

3. Die 30 Tage Xucker Challenge

Warum eine Xucker Challenge? Die 30 Tage Xucker Challenge soll dir zeigen wie einfach es ist, auf Zucker zu verzichten und sich ausgewogen zu ernähren. Anders als Ernährungskonzepte, die das Süßen von Speisen gänzlich ablehnen oder natürliche Alternativen wie Datteln, Kokosblütenzucker oder Agavendicksaft anpreisen, haben wir in Xylit und Erythrit die Zuckeraustauschstoffe entdeckt, die Süßen mit wirklich gutem Gewissen erlauben. In der 30 Tage Xucker Challenge möchten wir dich aber nicht überxuckern. Du entscheidest selbst, wie süß du deine Speisen magst. Wir geben dir in unseren Rezepten nur eine Richtlinie, von der du beliebig abweichen kannst. Wir haben uns für eine 30 Tage Challenge entschieden, da sich Gewohnheiten nicht von heute auf morgen ändern lassen. Die Gehirnforschung lehrt, dass es ungefähr 30 aufeinanderfolgende Tage dauert, bis eine neue Gewohnheit sich in unseren Alltag integriert.

An wen richtet sich die Xucker Challenge? Die 30 Tage Xucker Challenge richtet sich an alle, die ihren Ernährungsstil gesund und ausgewogen gestalten möchten ohne auf Süßes zu verzichten zu müssen.

Bist du beispielsweise jemand, der von Grund auf wenig auf Süßes geprägt ist, mit Bedacht seine Lebensmittel wählt und sich nur ab und an eine Süßigkeit gönnt? Dann wollen wir nicht, dass du mehr Xucker zu dir nimmst als du es mit Zucker tun würdest! Wir möchten dich aber dazu ermutigen, dir ab und an ein Stück süßes Glück bewusst zu gönnen. Am Ende der 30 Tage wird es dir leichter fallen, eine gesunde, ausgewogene Ernährung in den Alltag zu integrieren, ohne den süßen Genuss zu missen. Dir wird es auch leichter fallen, alltägliche Zuckerfallen zu erkennen.

Bist du hingegen jemand, der ohne süßen Geschmack nicht leben kann und sich nach eigenem Ermessen zu oft ungesund ernährt? Dann möchten wir dir mit dieser Challenge helfen, versteckte Zuckerquellen aufzuspüren, sie zu meiden und mit Xucker als gesunder Alternative zu experimentieren. Wir möchten dich ermutigen, weniger zu süßen, um deinen Geschmackssinn für andere Genüsse zu schärfen. Nach den 30 Tagen wirst du ein Gefühl dafür bekommen haben, wie eine gesunde Ernährungsweise aussehen kann, wie lecker und einfach sie zugleich ist. Es wird dir leichter fallen, Neues zu probieren und mehr Gemüse zu essen. Deine Geschmacksnerven werden sensibler und dein Verlangen auf Süßes wird abgenommen haben, ohne dich zügeln zu müssen.

Wie läuft die Xucker Challenge ab? Für die nächsten 30 Tage haben wir für dich je drei Mahlzeiten entwickelt und so aufeinander abgestimmt, dass sie zu einer ausgewogenen Ernährung beitragen. Wir möchten dir gesunde Lebensmittel näher bringen, die es in vielen Läden zu kaufen gibt, zum Beispiel Quinoa und Haferflocken. Letztere bilden beispielsweise einen Schleim, der sich beruhigend auf den Magen auswirkt. Noch dazu sind Haferflocken reich an Ballaststoffen und sättigen sehr lange. Hafer

Die richtigen Produkte. Bei der Xucker Challenge stehen gesunde und leckere Lebensmittel im Fokus.

ist damit das ideale Produkt für ein gesundes Frühstück. Durch unterschiedliche Gewürze, Beilagen und wöchentliche Highlights wird es dir in der Xucker Challenge an Abwechslung also nicht fehlen.

Wie sind die Rezepte der Xucker Challenge gestaltet?
Gemüse steckt voller Ballaststoffe und Vitamine, es ist arm an leeren Kohlenhydraten und Zucker. Daher sind die einzelnen Tage so gestaltet, dass du mindestens drei Hände voller Gemüse zu dir nimmst. Du wirst erstaunt sein, wie viel das ist und wie nachhaltig Gemüse sättigt. Oftmals sind dadurch Kohlenhydratbeilagen wie Brot oder Kartoffeln überflüssig. Da Obst viel Fruchtzucker enthält, haben

wir darauf geachtet maximal zwei Hände voll Obst pro Tag zu integrieren, die zusammen mit Proteinen verspeist werden. So wird verhindert, dass dein Blutzuckerspiegel zu stark ansteigt und du einen Heißhunger auf Süßes bekommst. Dennoch erhältst du viele Vitamine, Spurenelemente und Pflanzeninhaltsstoffe, die dich stärken.

Kohlenhydrate sind für den Körper nur in Kombination mit Ballaststoffen gut, deshalb verzichten wir auf weißes Mehl und weißen Reis. Wir haben ausschließlich Vollkornprodukte mit hohem Ballaststoffanteil oder Alternativen wie Kokosmehl in den Speiseplan aufgenommen, die eine weitaus geringere glykämische Last für den Körper bedeu-

ten und deinen Blutzuckerspiegel im Lot halten (siehe Kapitel 2.1 „Die Frage nach der richtigen Ernährung"). Wir verzichten auf Zucker und alle Alternativen, die den Blutzuckerspiegel stark ansteigen lassen. Trockenfrüchte und Fruchtsäfte haben eine besonders hohen Fruchtzuckergehalt, weshalb wir sie nicht verwenden.

In die Gerichte sind Proteinquellen integriert, die leicht verdaulich sind und den Körper mit wichtigen Aminosäuren versorgen. Damit sind neben Käse, Joghurt oder Hähnchenbrust, auch Tofu, Kichererbsen, Linsen und Bohnen gemeint. Besonders auf Fleischprodukte möchten wir bei der Xucker Challenge weitestgehend verzichten und sie für Liebhaber nur als Genuss-Akzent setzen. Der Grund liegt darin, dass besonders „rotes Fleisch" von Rind, Schwein und Wild im Körper verschiedene Prozesse begünstigen können, die mit Entzündungen und Alterserscheinungen einhergehen.

Auch Milch und Joghurt ersetzen wir in unseren Gerichten aus diesem Grund häufig durch pflanzliche Alternativen. Besonders auf länger haltbare und homogenisierte Milch verzichten wir ganz: Das Milchfett wird durch technologische Verfahren zu mikroskopisch kleinen Partikeln verarbeitet, um ein Aufrahmen zu vermeiden. Diese Fettkügelchen sind jedoch derart winzig, dass sie die Barriere der Darmschleimhaut durchqueren können und direkt in den Körper gelangen, wo sie Unverträglichkeiten und Entzündungen zu begünstigen scheinen.

Traubensüße, Dextrin, Süßmolkenpulver, Agavendicksaft, Malzextrakt, Raffinose, Saccharose, Honig, Kandis ... Zucker hat viele Namen

Gesättigte Fettsäuren tierischer Herkunft sowie gehärtete („raffinierte") Pflanzenfette können problematisch sein und den Cholesterinspiegel erhöhen. Ungesättigte Fette und Öle dagegen fördern die Herz-Kreislauf-Gesundheit und die Gehirnfunktion. Unsere Geheimwaffen für gesunde Fettsäuren heißen deshalb natives Rapsöl, Leinsamen, Meeresfisch und Avocado. Diese Lebensmittel weisen das ideale Verhältnis von den ungesättigten Fettsäuren Omega 3 und Omega 6 auf. Auf tierische Fette, Frittiertes und Margarine mit gehärteten Fetten verzichten wir gerne und verwenden zum Braten stattdessen hitzestabiles Kokosöl. Ungefähr zwei Liter Flüssigkeit sollte jeder Mensch täglich zu sich nehmen. Trinkst du zu wenig, wirst du müde, weniger leistungsfähig, der Blutdruck fällt ab und die Stoffwechselaktivität ist gehemmt. Wichtig: Getränk Nummer eins ist Wasser. Zuckerhaltige Getränke, Säfte und Smoothies sollten nicht zu deinen Genusslebensmitteln zählen, da der enthaltene Fruchtzucker in flüssiger Form noch besser aufgenommen wird und ein echter Dickmacher ist. Trinkst du gerne Kaffee oder Tee, dann süße sie aber lieber mit Erythrit wie Xucker Light oder Xucker Bronxe, die keine Kalorien aufweisen. Koffeinhaltige Getränke wie Kaffee, Guarana-, Grün-, Schwarz- oder Mate-Tee empfehlen wir höchstens drei Mal täglich trinken, um das Herz-Kreislauf-System zu schonen und eine Koffein-Abhängigkeit zu vermeiden.

Substanzname	Süßkraft	Toleranzwert	Kariesfördernd	kcal/100g
Fructose	1,5	–	stark	400
Zucker	1,0	–	stark	400
Xylit	1,0	30–100g	gar nicht	240
Erythrit	0,7	60–150g	gar nicht	0

Fructose wird dank hoher Süßkraft von der Lebensmittelindustrie bevorzugt in „Diät-Produkten" verwendet. In der Xucker Challenge verwenden wir zum Süßen ausschließlich Xylit und Erythrit als Zuckeralternativen.

Ordnung in der Vorratskammer

Bist du bereit, Zuckerfallen in deiner Küche unschädlich zu machen? Super, wir helfen dir!

Lass uns einen Blick in den Kühlschrank werfen. Erste Übeltäter sind hier schnell gefunden: Marmeladen und süße Aufstriche, Gewürzsaucen wie Barbecue Sauce, Ketchup oder Dressings für Salate sind wahre „Zuckerbomben". Schaue dir auch fertige Salate an: Findest du Zucker auf der Zutatenliste, dann solltest du dieses Lebensmittel lieber nicht wieder kaufen.

Schau dir Milchprodukte und ihre veganen Alternativen genauer an: Gerade Fruchtjoghurts enthalten viel zugesetzten Zucker und nur wenig echte Frucht. Auch Fertigprodukte wie Milchreis, Grießbrei, Vanillesauce oder Puddings sind häufig übersüßt. Vor allem bei Light- oder Diät-Varianten wird Fruchtzucker als Geschmacksträger verwendet. Selbst Milchgetränke und alternative Milchprodukte lohnt es sich auf zugesetzten Zucker zu überprüfen.

Hast du Wurstwaren oder Alternativen in deinem Kühlschrank? Schaue dir hier genau die Zutatenliste an. Ja: die meisten herzhaften Produkte enthalten zugesetzten Zucker. Wie sieht es mit kohlenhydrathaltigen Beilagen aus? Fertige Nudeln, Gnocchi, Kartoffelpuffer und Pfannkuchen und Pizzateig enthalten viel aus kurzen Zuckerketten bestehende Stärke, die den Blutzuckerspiegel rapide ansteigen lassen. Sie gehören nur in einen zuckerfreien Kühlschrank, wenn sie überwiegend aus Vollkornmehl hergestellt wurden und hohe Ballaststoffanteile aufweisen.

Werfen wir nun einen Blick in deinen Tiefkühlschrank. Hier solltest du neben selbst zubereiteten Speisen oder ungezuckertem Tiefkühlgemüse/-obst, keine Fertigprodukte mit Zucker oder leeren Kohlenhydraten lagern, wie sie in Fertigpizza, paniertem Fisch, Reispfannen oder zuckerhaltigem Eis enthalten sind.

Als letztes widmen wir uns dem Vorratsschrank. Auch hier lauern oft Zuckerfallen wie Gebäck, Schokolade, Chips und andere Süßigkeiten, Haushaltszucker, Agavendicksaft, Zuckerrübensirup, weißer Reis, Kartoffelkloßmischungen, weißes Mehl, Fertigbackmischungen, Getränkepulver und Teemischungen, aber auch Konserven mit Früchten, Tortendeko, Dickmilch, Kaffeesahne, Fertigmüsli oder Tortenböden enthalten viel Zucker und leere Kohlenhydrate. Kontrolliere im Zweifelsfall jede Verpackung.

Den ganzen süßen Ballast, den du findest, kannst du verschenken oder entsorgen. Wenn deine Schränke jetzt leer sind: Keine Sorge! Während unserer Xucker Challenge füllst du sie mit gesunden und leckeren Lebensmitteln. Auf Seite 33 sind ein paar gute Alternativen aufgelistet.

Woche 1 – Es kann losgehen

Nachdem du deine Vorräte durchgesehen und aufgeräumt hast (siehe S. 31) kann es nun losgehen. Falls es dir schwer fällt, dich von gewohnten Leckereien zu trennen, hebe dir zwei „sündhafte" Lieblingsprodukte auf. Wenn dich ein Stück Pizza am Freitagabend richtig glücklich macht, dann gönne es dir! Ausnahmen sind erlaubt, solange du aktiv genießt und den Ausflug in das Schlaraffenland nicht bereust. Wenn du dich weitestgehend an unseren Plan hältst, verkraftet dein Körper solch maßvollen Genussmomente problemlos.

Zu Beginn dieser Xucker Challenge wird es dir sicher schwerer fallen, auf Leibspeisen zu verzichten. Mit der Zeit gewöhnst du dich an den neuen Lebensstil und wirst merken, dass du viele Fertigprodukte dann gar nicht mehr so magst, weil sie dir zu süß, zu salzig und zu fettig sind.

Alle Rezepte in diesem Buch haben das Ziel, Zucker zu sparen. Darüber hinaus sorgen sie dafür, dass dein Stoffwechsel alles, was er braucht, in einem ausgewogenem Verhältnis bekommt. Dein Blutzuckerspiegel schwankt nur in geringem Maß und Heißhungerattacken bleiben aus.

Schon in der ersten Woche sparst du 114 Zuckerwürfel ein, also 342 g Zucker. Wir haben den Zuckergehalt von jedem Rezept mit einem konventionellem Gericht aus dem Supermarkt oder einer Fast-Food-Kette verglichen. Da nicht jedes Gericht genauso im Handel erhältlich ist, haben wir uns mitunter nach adäquaten Alternativen umgesehen.

So sparst du bei unseren „Sommerrollen mit Erdnussdip" im Gegensatz zu Aufback-Frühlingsrollen mit Sweet Sour Dip rund 30 g Zucker. Bei einem selbst gemachten Oatmeal (Haferbrei) mit Obst im Vergleich zu einer Haferschleim-Fertigmischung mit Früchten sogar bis zu 70 g. Bei herzhaften Menüs ist die Zuckerersparnis meist geringer.

Weil Zucker sehr stark das Belohnungszentrum anspricht, kann es sein, dass es dir schwerfällt, von heute auf morgen auf Zucker zu verzichten. Es ist möglich, dass du in den ersten Tagen einen Jieper auf Süßes bekommst. Dieses Gefühl kannst du mit etwas Xucker Edelbitter-Schokolade oder frische Beeren bekämpfen. Bei Rezepten mit süßerem Obst wirst du höhere Zuckermengen feststellen. Solange du nur zwei bis drei Portionen Obst am Tag isst, schadet dir der Fruchtzucker nicht. Bei ballaststoffreichen Früchten ist der Zucker fest in den Pflanzenfasern verstrickt und wird daher vergleichsweise langsam verdaut.

Wenn du die Challenge alleine machst und manchmal etwas übrig bleibt, empfehlen wir dir, die doppelte Menge zu kochen und zwei Tage das gleiche zu essen. Da jeder Tag in sich gesund gestaltet ist, wirst du umso mehr von der Challenge profitieren. Wenn du kleinere oder größere Portionen benötigst, kannst du die Rezepte individuell für dich anpassen. Die Gerichte der Challenge sind so angelegt, dass sie täglich um kleine Snacks ergänzt werden können, wenn diese zuckerfrei sind.

Zuckerersparnis

– Woche 1 –

342g
Zucker

114
Zuckerwürfel

herkömmliches Lebensmittel	gesunde Alternative
Marmelade oder Fruchtmus mit Zucker	püriertes Obst oder Fruchtmark
Fertigdressing wie „French Dressing"	Naturjoghurt mit Öl, Essig und Kräutern
Fruchtjoghurt	Naturjoghurt mit frischen Früchten
Weißbrot oder Weißmehlbrötchen	Vollkorn- oder Korn-an-Korn-Brot
weißer Reis, Sushi-Reis, Basmati-Reis	Naturreis, Vollkornreis, Quinoa
Gebäck und andere Süßspeisen	Selber Backen mit Vollkorn und Xylit statt Zucker

– Breakfast –

Sunshine Oatmeal

Zutaten (für 2 Personen)

100g zarte Haferflocken
200ml Wasser
200ml ungesüßte Hafermilch
etwas Bourbon Vanille
1 Messerspitze Zimt
2 EL Mandelsplitter, geröstet
2 EL Xucker Weiße Schoko-Drops
1 Orange, gewürfelt
1 Birne, gewürfelt

Zubereitung (ca. 15 Minuten)

Zunächst Wasser und Hafermilch aufkochen. Dann die Haferflocken einrühren und bei niedriger Hitze unter Rühren solange köcheln lassen, bis die Flüssigkeit komplett aufgenommen wurde. Mit einem Holzlöffel das Oatmeal kräftig umrühren, bis sich der Haferschleim bildet. Bourbon Vanille, Zimt und die Mandelsplitter unterheben und das Oatmeal auf zwei Schälchen verteilen. Mit den Schoko-Drops sowie den Orangen- und Birnenstücken garnieren.

Nährwerte pro Person: Energie 329kcal, 44g Kohlenhydrate, davon Zucker 11g; 8g Ballaststoffe; 7g Proteine; 11g Fett
Zuckerersparnis: 11g

– Snack –

Walnuss-Schoko-Snackmix

Zutaten (für 2 Personen)

50g Walnüsse, 50g Xucker Edelbitter Schoko-Drops

Zubereitung (ca. 5 Minuten)

Die Walnüsse und Edelbitter Schoko-Drops in einer Schüssel gut durchmischen und snacken.

Nährwerte pro Person: Energie 320kcal, 5g Kohlenhydrate, davon Zucker 1g; 2g Ballaststoffe; 6g Proteine; 32g Fett
Zuckerersparnis: 11g

Vollkornwraps mit mariniertem Tofu

Zutaten (für 4 Wraps)

1 Avocado, gewürfelt
1 Knoblauchzehe & 1 Zwiebel, gehackt
200g Kräuter-Tofu, gewürfelt
2 TL Xucker Bronxe
7 EL Xucker Ketchup
1 TL Chiliflocken
4 Stängel Petersilie
80g Dinkelvollkornmehl
½ TL Backpulver
4 Handvoll Salat nach Wahl
100g Bio Feta-Käse, gewürfelt
50 ml Wasser
etwas Rapsöl

Zubereitung (ca. 25 Minuten)

Den Tofu mit Xucker Bronxe, 3 EL Xucker Ketchup und Chili marinieren und in der Pfanne bei niedriger Temperatur mit Zwiebeln und Knoblauch anbraten. Das Vollkornmehl mit 50ml Wasser, etwas Rapsöl und Backpulver verkneten und zu vier Fladen ausrollen. Jeden Fladen von einer Seite in der Pfanne bei mittlerer Hitze ohne Öl ausbacken, bis sich Blasen bilden. Die Fladen mit Salat, Petersilie, Avocado und Feta garnieren, mit der Tofumischung und etwas weiterem Xucker Ketchup toppen und zu Wraps zusammenrollen.

Nährwerte pro Person: Energie 620kcal, 36g Kohlenhydrate, davon Zucker 6g; 12g Ballaststoffe; 27g Proteine; 38g Fett
Zuckerersparnis: 5,5g

Blumenkohl-Erbsen-Curry

Zutaten (für 2 Personen)

2–3 Hände voll Blumenkohlröschen
1 kleine Dose (400g) Kichererbsen
2 Hände voll tiefgefrorene Erbsen
2 Tomaten, gewürfelt
1 EL mittelscharfe Currypaste
Saft einer halben Zitrone
1 Dose (ca. 200ml) Kokosmilch
1 Knoblauchzehe, gewürfelt
1 Zwiebel, gewürfelt
½ Bund Petersilie, gezupft

Zubereitung (ca. 20 Minuten)

Die Blumenkohlröschen in einem Mixer auf Reisgröße klein hacken. Knoblauch und Zwiebel anbraten. Blumenkohl und Currypaste dazugeben. Nach 2–3 Minuten Tomaten, Kichererbsen und Erbsen etwa 5 Minuten mit andünsten. Die Kokosmilch hinzufügen und für 10 Minuten einköcheln lassen. Das Gericht mit Zitronensaft und Salz abschmecken und mit Petersilie garnieren.

Nährwerte pro Person: Energie 439kcal, 33g Kohlenhydrate, davon Zucker 14g; 15g Ballaststoffe; 16g Proteine; 22g Fett
Zuckerersparnis: 5g

– Breakfast –

Fitkick Oatmeal

Zutaten (für 2 Personen)

75g Haferflocken
Saft einer halben Zitrone
40ml Wasser
3 EL Xucker Bronxe
1 Messerspitze Zimt
150g Hüttenkäse
100g Sojajoghurt (ungesüßt)
eine Handvoll Walnusskerne
2 Birnen oder 2 Pfirsiche, gewürfelt
2 EL Xucker Schoko-Drops

Zubereitung (ca. 20 Minuten)

Die Haferflocken mit Zitronensaft und Wasser vermengen und 5 Minuten quellen lassen. Mit Zimt und 2 EL Xucker Bronxe süßen. In der Pfanne einen EL Xucker Bronxe schmelzen. Die Walnüsse hinzufügen und schwenken, bis sie ganz mit dem flüssigen Xucker benetzt sind. Die Nüsse zum Abkühlen auf Backpapier verteilen. Den Hüttenkäse mit Sojajoghurt glatt rühren. Die Haferflocken mit der Hüttenkäse-Joghurt-Mischung, Obst, Schoko-Drops und Walnüssen servieren.

Nährwerte pro Person: Energie 408 kcal, 35g Kohlenhydrate, davon Zucker 13g; 8g Ballaststoffe; 17g Proteine; 20g Fett
Zuckerersparnis: 10 g

– Lunch –

Quinoa Bowl mit Lachs

Zutaten (für 2 Personen)

100g Quinoa (ca. ½ Kaffeetasse)
2 Portionen frischer Lachs (Wildfang oder Bio)
2 Hände voll Rucola
1 Avocado, gewürfelt
4 Tomaten, gewürfelt
½ Salatgurke, gewürfelt
4 EL Sojajoghurt
4 EL Sojasauce
1 EL Rapskern- oder Leinöl
2 EL zuckerfreier Senf
frische Kräuter wie Dill
Kokosöl

Zubereitung (ca. 30 Minuten)

Das Quinoa nach Packungsbeilage zubereiten. In der Zwischenzeit den Lachs in einer Pfanne mit hitzesta-bilem Kokosöl von beiden Seiten scharf anbraten und ca. 5 Minuten bei mittlerer Hitze durchgaren. Anschlie-ßend den Joghurt mit der Sojasauce, Öl, Senf, Pfeffer und frischen Kräutern vermischen. Das Quinoa auf zwei große Schalen verteilen und mit Rucola, Avocado, Gurken, Tomaten und dem gebratenen Lachs garnieren. Mit dem Dressing servieren.

Nährwerte pro Person: Energie 745 kcal, 51g Kohlenhydrate, davon Zucker 10g; 13g Ballaststoffe; 53g Proteine; 33g Fett
Zuckerersparnis: 7g

Röstpaprika-Suppe mit Feta-Topping

Zutaten (für 2 Personen)

2 rote Paprikaschoten, geviertelt
1 Zwiebel, gewürfelt
3 Knoblauchzehen, in Scheiben
500g Cherrytomaten, halbiert
200ml Gemüsebrühe
3 Thymianzweige, gezupft
Salz und Pfeffer
100g Bio Feta-Käse, gewürfelt
2 EL Rapskernöl

Zubereitung (ca. 25 Minuten)

Die Paprika bei mittlerer Stufe auf dem (Kontakt-) Grill oder im Ofen bei 200 Grad Ober- & Unterhitze für ca. 15 Minuten anrösten, sodass die Schote leicht Blasen wirft. Die Paprika nun in kleine Stücke schneiden. Zwiebeln und Knoblauch in einem Topf bei niedriger Hitze mit etwas Öl glasig anbraten. Anschließend Paprika, Tomaten, Thymian und Gemüsebrühe dazugeben, die Suppe aufkochen lassen und sämig pürieren. Die Röstpaprika-Suppe mit Salz und Pfeffer abschmecken und mit Feta-Käse als Topping servieren.

Nährwerte pro Person: Energie 369kcal, 23g Kohlenhydrate, davon Zucker 20g; 6g Ballaststoffe; 14g Proteine; 22g Fett
Zuckerersparnis: 8g

– Breakfast –

Nektarinen-Minz-Salat mit Quark

Zutaten (für 2 Personen)

4 Nektarinen, geviertelt
5 Stiele frische Minze, gezupft
4 EL Mandelsplitter,
etwas Zitronensaft
Schalenabrieb einer halben Bio Zitrone
1 EL Xucker Bronxe
250g Bio Quark

Zubereitung (ca. 15 Minuten)

Nektarinenspalten mit Zitronensaft beträufeln und den Schalenabrieb dazugeben. Nun Xucker Bronxe und die gezupften Minzblätter hinzufügen. Anschließend den Quark cremig aufrühren und über den Nektarinen-Minz-Salat geben. Als Topping die Mandelsplitter ohne Öl in der Pfanne bei mittlerer Hitze goldbraun rösten.

Nährwerte pro Person: Energie 365 kcal, 37g Kohlenhydrate, davon Zucker 34g; 9g Ballaststoffe; 20g Proteine; 11g Fett
Zuckerersparnis: 23g

Sommerrollen mit Garnelen

Zutaten (für 2 Personen)

8 Reispapierblätter
2 Frühlingszwiebeln, in Scheiben geschnitten
100g Bio Garnelen, gekocht
50g Shirataki-Nudeln (Nudeln aus Konjakmehl)
5 Zweige frische Minze & Koriander/Petersilie, gezupft
½ Salatgurke, in dünne Streifen geschnitten
1 Avocado
2 EL Erdnussmus
2 EL Sojasauce
1 TL Chiliflocken
1 TL Xucker Premium

Zubereitung (ca. 20 Minuten)

Die Shirataki-Nudeln nach Packungsanweisung garen und abkühlen lassen. Anschließend das Reispapier in heißes Wasser eintunken und auf ein sauberes, leicht feuchtes Geschirrtuch legen. Die Garnelen auf den unteren Teil des Reisblattes legen, darüber die vorbereiteten Zutaten verteilen und das Reisblatt aufrollen. Die Seiten des Reispapiers umschlagen und andrücken. Für den Dip das Erdnussmus mit der Sojasauce, den Chiliflocken und dem Xucker vermengen.

Nährwerte pro Person: Energie 658kcal, 41g Kohlenhydrate, davon Zucker 4g; 4g Ballaststoffe; 25g Proteine; 28g Fett
Zuckerersparnis: 30g

Gemüsepfanne mit Shirataki-Nudeln

Zutaten (für 2 Personen)

1 Knoblauchzehe, gewürfelt
1 Zwiebel, gewürfelt
300g Brokkoliröschen
300g Blumenkohlröschen
200g gefrorene Erbsen
2 gelbe Paprika, in Streifen geschnitten
100ml ungesüßte Hafermilch
100ml Gemüsebrühe
ca. 200g Shirataki-Nudeln (restliche Packung vom Mittag)
200g Tofu, gewürfelt
2 EL Rapskernöl

Zubereitung (ca. 20 Minuten)

Tofu, Knoblauch und Zwiebel in einer Pfanne bei schwacher Hitze mit Öl glasig dünsten. Anschließend Brokkoli, Blumenkohl, Erbsen und Paprika scharf anbraten. Die Gemüsebrühe hinzugeben, kurz aufkochen lassen und etwas ungesüßte Hafermilch zur Gemüsepfanne geben. Anschließend den Herd ausstellen und die Nudeln unter das Gemüse heben, für weitere 5 Minuten ziehen lassen bis sie Wärme angenommen haben.

Nährwerte pro Person: Energie 461kcal, 37g Kohlenhydrate, davon Zucker 21g; 23g Ballaststoffe; 28g Proteine; 16g Fett
Zuckerersparnis: 20g

– Breakfast –

Eiweißschock mit Papaya

Zutaten (für 2 Personen)

1,5 EL Leinsamen
1 EL Flohsamenschalen
1,5 EL Sesam
1 kleine Papaya
2 EL Xucker Light
1 TL Zitronensaft
300g Sojajoghurt
300g Sojaquark

Zubereitung (ca. 10 Minuten)

Quark und Joghurt mit dem Xucker Light in einer Schüssel cremig rühren. Leinsamen, Flohsamenschalen und Sesam ebenfalls unterrühren und 5 Minuten quellen lassen. Anschließend die Papaya schälen, Kerne entfernen und in Würfel schneiden. Die Papaya-Würfel nun auf den Eiweißschock geben und mit Zitronensaft beträufeln.

Nährwerte pro Person: Energie 350kcal, 14g Kohlenhydrate, davon Zucker 12g; 13g Ballaststoffe; 23g Proteine; 18g Fett
Zuckerersparnis: 29g

– Lunch –

Gefüllte Paprika mit Kichererbsenpüree

Zutaten (für 2 Personen)

150g Bio Thunfisch in eigenem Saft
200g Hüttenkäse
100g Harzer Käse, fein gewürfelt
1 TL Tomatenmark
2 TL Kapern
1 Zwiebel, gewürfelt
1 Knoblauchzehe, gewürfelt
Chiliflocken und Pfeffer zum Abschmecken
3 mittelgroße Paprika, entkernt und halbiert
2 EL Olivenöl
1 Dose (400g) Kichererbsen
1 EL Weißweinessig
frischer Thymian

Zubereitung (ca. 40 Minuten)

Den Ofen auf 180 Grad Ober- und Unterhitze vorheizen. Die Zwiebel mit dem Harzer Käse und den Kapern, Tomatenmark, Thunfisch, Hüttenkäse, Olivenöl und Chili zur Füllung für die Paprika vermengen und mit Salz und Pfeffer abschmecken. Die Füllung in die Paprika-Hälften geben und für ca. 30 Minuten im Ofen gar backen. Zwischenzeitlich eine Dose Kichererbsen samt Flüssigkeit im Topf aufkochen. Den Knoblauch hinzugeben und die Kichererbsen bis zur gewünschten Konsistenz zu einem Püree stampfen. Mit Salz, Pfeffer, Weißweinessig, Olivenöl abschmecken und zu den Paprika servieren.

Nährwerte pro Person: Energie 498kcal, 30g Kohlenhydrate, davon Zucker 19g; 8g Ballaststoffe; 50g Proteine; 17g Fett
Zuckerersparnis: 25g

Rezept von Kerstin
Sie hat im Service für
Xucker-Kunden immer ein
offenes Ohr.

–Dinner –

Gemüsesticks mit Kräuter-Dip

Zutaten (für 2 Personen)

1 Gurke
4 Möhren
1 Selleriestange
4 EL Sojajoghurt
200g Frischkäse
2 EL scharfer Senf
frische Kräuter (z.B. Schnittlauch, Petersilie, Thymian)

Zubereitung (ca. 10 Minuten)

Das Gemüse gut waschen, die Karotten schälen und alles in daumendicke Sticks schneiden. Den Frischkäse mit dem Sojajoghurt, Senf und den frischen, gehackten Kräutern vermengen und als Dip zu den Gemüsesticks servieren.

Nährwerte pro Person: Energie 557kcal, 34g Kohlenhydrate, davon Zucker 26g; 25g Ballaststoffe; 21g Proteine; 33g Fett
Zuckerersparnis: 15g

– Breakfast –

Oatmeal mit Apfelmark und Zimt

Zutaten (für 2 Personen)

100g Haferflocken
400ml ungesüßte Hafermilch
1 kleines Glas Apfelmark, ungezuckert
1 EL Xucker Premium
2 TL Zimt
2 TL Mandelsplitter

Zubereitung (ca. 15 Minuten)

Zunächst Wasser und Hafermilch aufkochen. Dann die Haferflocken einrühren und bei niedriger Hitze unter Rühren solange köcheln lassen, bis die Flüssigkeit komplett aufgenommen wurde. Xucker und Zimt dazugeben und mit einem Holzlöffel kräftig umrühren. Den Haferschleim mit Apfelmark und Mandelsplittern garnieren.

Nährwerte pro Person: Energie 419kcal, 58g Kohlenhydrate, davon Zucker 27g; 14g Ballaststoffe; 10g Proteine; 12g Fett
Zuckerersparnis: 8g

– Lunch –

Vollkornreis-Gemüse-Pfanne

Zutaten (für 2 Personen)

150g Vollkornreis
400ml Gemüsebrühe
2 Frühlingszwiebeln, gewürfelt
1 rote Paprika, in mundgerechte Stücke geschnitten
2 Möhren
1 Selleriestange, gestückelt
½ Bund Petersilie
1 Knoblauchzehe, in Scheibchen geschnitten
ca. 50g saure Sahne

Zubereitung (ca. 25 Minuten)

Den Vollkornreis in einen Topf geben und mit der Gemüsebrühe für ca. 20 Minuten bei mittlerer Hitze gar köcheln. Paprika, Möhren und Sellerie mit dem Knoblauch währenddessen in einer großen Pfanne dünsten. Ca. 10 Minuten bevor der Reis verzehrfertig ist, kann die Gemüsebrühe untergerührt und mitgeköchelt werden. Mit frischer Petersilie, Frühlingszwiebeln und saurer Sahne anrichten.

Nährwerte pro Person: Energie 424kcal, 79g Kohlenhydrate, davon Zucker 18g; 17g Ballaststoffe; 9g Proteine; 4g Fett
Zuckerersparnis: 3g

Halloumi auf Fenchel-Spargel-Salat

Zutaten (für 2 Personen)

250g grüner Spargel, holzige Enden entfernt
250g Halloumi
1 Fenchelknolle (ca. 300g), in feinen Scheiben
1 Bio Orange
1 Frühlingszwiebel, in Scheiben geschnitten
Rapskernöl

Zubereitung (ca. 30 Minuten)

Den grünen Spargel in einer leicht geölten Pfanne scharf anbraten und für 6–8 Minuten garen. Anschließend den Halloumi grillen oder anbraten. Nun die Orange filetieren. Dafür zunächst das obere und untere Ende der Orange so abschneiden, dass das Fruchtfleisch bereits zu sehen ist. Dann mit einem scharfen Messer die gesamte Schale in Streifen so herunterschneiden, dass die weiße Haut vollständig vom Fruchtfleisch der Orange entfernt wird. Nun die einzelnen Orangenfilets mit einem Messer zwischen den Trennhäuten herausschneiden. Den Saft des verbliebenen Orangenstücks mit der Hand auspressen. Orangensaft und -stücke mit etwas Öl vermischen und mit Pfeffer und einer Prise Salz würzen. Die Fenchelscheiben mit dem Spargel vermengen und mit dem Orangendressing und Halloumi garnieren.

Nährwerte pro Person: Energie 595kcal, 21g Kohlenhydrate, davon Zucker 11g; 9g Ballaststoffe; 36g Proteine; 38g Fett
Zuckerersparnis: 3g

6. TAG

Wochen-highlight

– Bloggerspecial –

Sarah Golbaz
www.feastfeast.de

Kokosjoghurt mit Quinoa und Berberitzen

Zutaten (für 2 Personen)

250ml Kokosmilch
½ TL Tapiokastärke
1/4 TL Agar-Agar
½ Tütchen Kefir- oder Joghurtkultur
50g gepuffter Quinoa
30g Berberitzen oder Cranberries
80g Pistazienstifte
Zitronenverbene

Zubereitung (ca. 20 Minuten + 1 Nacht)

Zwei Marmeladengläser mit kochendem Wasser ausspülen, um sie zu sterilisieren. Die Kultur in 50ml Kokosmilch auflösen und auf die Packungsanweisung achten! Die restliche Kokosmilch in einen Topf geben und Tapioka und Agar-Agar darin auflösen. Unter Rühren aufkochen lassen. Die Kokosmilch abkühlen lassen, sie darf nicht heißer als 38 Grad sein. Die warme Kokosmilch mit der Kulturmilch vermischen und auf die Gläser verteilen. Mit einem Glasdeckel locker verschließen oder Alufolie darüber legen. Die Gläser im Backofen bei eingeschalteter Lampe über Nacht stehen lassen. Den Joghurt gut umrühren und anschließend im Kühlschrank aufbewahren. Die Kälte stoppt die Fermentation und sorgt dafür, dass der Joghurt fester wird.

Anschließend gepufften Quinoa, Berberitzen und Pistazienstifte in Schichten auf dem Joghurt verteilen. Mit Zitronenverbene garnieren und servieren.

Nährwerte pro Person: Energie 666kcal, 38g Kohlenhydrate, davon Zucker 15g; 10g Ballaststoffe; 13g Proteine; 49g Fett
Zuckerersparnis: 15g

– Snack –
Geeiste Beeren in Schokolade

Zutaten (für 2 Personen)
1 Schale Himbeeren & Blaubeeren
200g Xucker Edelbitter Schoko-Drops

Zubereitung (ca. 20 Minuten)
Die Beeren einige Stunden tiefkühlen. Die Schoko-Drops über einem Wasserbad schmelzen, die Beeren einzeln eintunken und auskühlen lassen.

Nährwerte pro Person: Energie 320kcal, 5g Kohlenhydrate, davon Zucker 1g; 2g Ballaststoffe; 6g Proteine; 32g Fett
Zuckerersparnis: 25g

– Lunch –
Gebackene Süßkartoffel mit Radieschenquark

Zutaten (für 2 Personen)
2 Süßkartoffeln, halbiert
250g Quark
½ Bund Radieschen, in feinen Scheiben
½ Gurke
½ Bund Schnittlauch, in Röllchen geschnitten
½ Beet Kresse, abgeschnitten
etwas Xucker Tomatenketchup oder zuckerfreie Chilisoße
½ Handvoll Süßkartoffel- oder Gemüsechips

Zubereitung (ca. 70 Minuten)
Den Ofen auf 200 Grad Umluft vorheizen. Die Süßkartoffeln mit einer Gabel rundum ein paar Mal einstechen. Auf ein mit Backpapier ausgelegtes Backblech geben und ca. 45–60 Minuten backen. Inzwischen den Quark in eine Schüssel geben und mit Salz und Pfeffer verrühren. Fast alle Radieschenscheiben unter den Quark mischen. Die Kartoffeln aus dem Ofen nehmen und mit Quark, Radieschen und Kräutern garnieren. Ein paar Tropfen Xucker Tomatenketchup oder Chilisoße und die Chips darüber verteilen.

Nährwerte pro Person: Energie 600kcal, 92g Kohlenhydrate, davon Zucker 24g; 7g Ballaststoffe; 22g Proteine; 14g Fett
Zuckerersparnis: 26g

– Dinner –

Nori Wraps mit Spargel

Zutaten (für 2 Personen)

2 Nori Blätter
2 EL Sesampaste (Tahini)
½ Bund Koriander, gezupft
½ Gurke
1 Avocado
200g Spargel, geschält
½ Handvoll Cashewkerne
Saft einer halben Zitrone
1 Knoblauchzehe
Salz
Pfeffer

Zubereitung (ca. 15 Minuten)

Die Gurke gut waschen und zusammen mit der Avocado in feine Scheiben schneiden. Den Spargel für 1–2 Minuten in kochendem Salzwasser blanchieren oder in der heißen Pfanne für 6–7 Minuten scharf anbraten. Nun die Nori Blätter auf der Arbeitsfläche verteilen und jedes der Algenblätter mit den Gurkenscheiben bedecken. Für die Tahinisauce die Sesampaste, Zitronensaft und Knoblauch pürieren, mit Salz und Pfeffer abschmecken. In der Zwischenzeit Avocado, Spargel, Koriander und Cashewkerne darüber verteilen. Das belegte Blatt zusammenrollen und mit Tahinisauce servieren.

Nährwerte pro Person: Energie 313kcal, 12g Kohlenhydrate, davon Zucker 6g; 7g Ballaststoffe; 8g Proteine; 23g Fett
Zuckerersparnis: 22g

7. TAG

Wochen-highlight

– Bloggerspecial –

Valentina Volcich
www.valentinaballerina.com

Vegane Crêpes mit Nuss-Nougat Creme

Zutaten (für 2 Personen)

120g Dinkelvollkornmehl
200ml ungesüße Hafermilch
1 TL Kokosöl zum Braten
200g frische Erdbeeren
etwas Xucker Nuss-Nougat Creme

Zubereitung (ca. 20 Minuten)

Das Mehl mit der Hafermilch vermengen und mit einem Schneebesen kräftig verrühren. Den Teig anschließend für 10 Minuten im Kühlschrank ruhen lassen. In einer großen Pfanne einen Teelöffel Kokosöl zum Schmelzen bringen, den Teig löffelweise in die Pfanne geben und durch Schwenken der Pfanne zu großen Crêpes formen. Der Teig sollte auf beiden Seiten bei mittlerer Hitze jeweils für ungefähr 1 Minute braten. Die fertigen Crêpes zusammenrollen und mit den zuvor klein geschnittenen Erdbeeren verzieren. Anschließend etwas Xucker Nuss-Nougat Creme über die fertigen Crêpes nach Geschmack geben.

Nährwerte pro Person: Energie 496kcal, 54g Kohlenhydrate, davon Zucker 13g; 9g Ballaststoffe; 12g Proteine; 25g Fett
Zuckerersparnis: 12g

Schwarze Bohnen-Spaghetti mit Gemüse

Zutaten (für 2 Personen)

160g Schwarze Bohnen-Spaghetti
(oder andere Nudeln aus Hülsenfrüchten)
1 Fenchelknolle
1 Zucchini
100g Cherrytomaten
getrocknete italienische Kräuter

Zubereitung (ca. 20 Minuten)

Für die Spaghetti einen Topf mit Salzwasser aufstellen, diesen zum Kochen bringen und die Nudeln anschließend gemäß der Packungsangabe gar kochen. Das Gemüse waschen, den Fenchel längs schneiden und die Zucchini in feine Scheiben hobeln. Anschließend zuerst den Fenchel bei starker Hitze 3–4 Minuten anbraten. Die gehobelte Zucchini hinzufügen und die Hitze etwas reduzieren. Das Gemüse leicht salzen, pfeffern und mit Kräutern verfeinern. Zum Schluss die Cherrytomaten hinzufügen und gemeinsam mit den Spaghetti servieren.

Nährwerte pro Person: Energie 346kcal, 44g Kohlenhydrate, davon Zucker 7g; 21g Ballaststoffe; 28g Proteine; 2g Fett
Zuckerersparnis: 14g

Quinoa-Shrimps-Avocado-Wokgemüse

Zutaten (für 2 Personen)

100g Vollkorn-Couscous
200g Bio Riesengarnelen
ca. 400g Gemüse
wie Mungosprossen, Karotten, Paprika,
Erbsen und Champignons
1 Avocado
getrocknete Tomatenflocken
Knoblauch
getrockneter Bärlauch
etwas Zitronensaft
etwas Öl

Zubereitung (ca. 20 Minuten)

Den Couscous gemäß Packungsangabe zubereiten. Während der Couscous zieht, das Gemüse in einer gut beschichteten Pfanne ohne Öl anbraten. Anschließend mit Salz, Pfeffer, getrockneten Tomatenflocken, Knoblauch und Bärlauch abschmecken. Die Garnelen mit Zitronensaft beträufeln und mit Salz und Pfeffer würzen. Anschließend in der Pfanne erhitzen und auf jeder Seite je 2 Minuten scharf anbraten. Die Avocado schälen und in Streifen schneiden. Anschließend den Couscous, das Gemüse, die Avocados und die Garnelen auf einen Teller geben und servieren.

Nährwerte pro Person: Energie 508kcal, 45g Kohlenhydrate, davon Zucker 6g; 1g Ballaststoffe; 36g Proteine; 17g Fett
Zuckerersparnis: 10g

Woche 2 – Keine Spur von Entzug

Herzlichen Glückwunsch! Du hast die ersten sieben Tage deiner Xucker Challenge gemeistert. Ist es dir schwer gefallen auf Zucker zu verzichten? Wenn ja, dann wirst du im Laufe der nächsten Woche merken, wie dieses Gefühl immer schwächer wird. Es ist normal, dass neue Gewohnheiten sich erst einprägen müssen. Wenn du dem Drang nach etwas Ungesundem oft genug widerstehst, dann ist das auch für dein Selbstbewusstsein von Vorteil. Du lernst, dass du allein deine Ernährung gestaltest und nicht von süchtigmachenden Stoffen fremdbestimmt wirst.

Halte weiter durch und schaffe dir anstelle von Süßigkeiten & Co. schöne Erlebnisse: Ein kleiner Spaziergang oder eine kurze Lesepause mit der Lieblingszeitschrift bereiten viel nachhaltigere Glücksgefühle als ein Stück Schokotorte nach einem stressigen Arbeitstag. Auch intensiver Sport oder das Naschen frischer Beeren kann helfen, den Jieper auf Süßkram zu verringern. Wichtig ist, dass du dir etwas Adäquates gönnst. Wenn du nur verzichtest, ohne eine Alternative zu schaffen, ist dies für dein Unterbewusstsein ein negatives Erlebnis, was zur Folge hat, dass dir die Ernährungsumstellung mit der Zeit keinen Spaß mehr macht.

In der letzten Woche haben wir dir einige Zutaten aufgetischt, die du so vielleicht noch nicht kanntest. Hattest du einen Favoriten, den es in der nächsten Zeit öfter bei dir geben wird oder hat dir etwas gar nicht geschmeckt? Mit der Zeit gewöhnen wir uns oft an Produkte, die wir zuerst nicht mochten, wenn sie mit anderen Gewürzen oder Lebensmitteln kombiniert werden. Sei daher mutig und experimentiere mit verschiedenen Zutaten.

Auch in der nächsten Woche erwarten dich leckere, gesunde und einfache Gerichte. Als Zutat wieder mit dabei sind zum Beispiel die Shirataki-Nudeln, die du bereits in der letzten Woche kennengelernt hast. Diese Nudeln werden aus der Konjakwurzel hergestellt und bestehen aus reinem Ballaststoff, mit nur wenigen Kalorien. Ihr Vorteil ist, dass sie den Geschmack der Sauce annehmen, in der sie zubereitet werden. Sie passen aufgrund ihrer Konsistenz am besten zu asiatischen Gerichten, ebenso wie der Seidentofu, den du auch in unserem Snack-Tipp wiederfindest. Er ist ein besonders weicher Tofu, der fast geschmacksneutral ist und eine gesunde Proteinquelle darstellt: Als Fermentationsprodukt wird Tofu durch bestimmte Enzyme verarbeitet. Der Körper kann ihn daher mit weniger Energie verdauen. Ihm bleibt so mehr Energie für andere Körperbereiche wie Muskeln oder Gehirn und auch die Regeneration gelingt besser.

Am Ende der Woche haben unsere Blogger wieder echte Genuss-Highlights für dich entwickelt: Freue dich auf gesunde Burger und süße Knödel! Innerhalb der nächsten Woche wirst du wieder stolze 162 Zuckerwürfel im Gegensatz zu konventionellen Fertigprodukten einsparen können.

Zuckerersparnis

– Woche 2 –

486g
Zucker

162
Zuckerwürfel

– Snack –
Seidentofu-Schoko-Pudding

Zutaten (für 2 Personen)
200g Seidentofu, 3 EL Xucker Heiße Schokolade
50ml ungesüßte Hafermilch

Zubereitung (ca. 5 Minuten)
Xucker Heiße Schokolade in der Hafermilch lösen.
Mit dem Seidentofu zu einer homogenen Masse
pürieren.

Nährwerte pro Person: Energie 110kcal; 7g Kohlenhydrate,
davon Zucker 1g; 2g Ballaststoffe; 9g Proteine; 5g Fett
Zuckerersparnis: 10g

– Breakfast –
Frühstücksmuffin

Zutaten (für 2 Personen)

50g Dinkelvollkornmehl
½ TL Backpulver
etwas Bourbon Vanille
25g Xucker Premium
40g Haferflocken
60ml ungesüße Hafermilch
1 EL Flohsamenschalen
1 Banane, mit der Gabel zermatscht
1 Handvoll Walnüsse
2 EL Xucker Edelbitter Schoko-Drops

Zubereitung (ca. 25 Minuten)

Die Banane mit dem Dinkelvollkornmehl, Backpulver, Salz, Bourbon Vanille, Xucker Premium, Haferflocken, Flohsamenschalen und der Hafermilch zu einer homogenen Masse vermengen. Die Xucker Edelbitter Schoko-Drops unterrühren. Den Teig in 4 Muffinförmchen füllen. Die Walnüsse über dem Muffinteig verteilen und die Förmchen bei 200 Grad für ca. 15–20 Minuten goldbraun ausbacken.

Nährwerte pro Person: Energie 344kcal, 47g Kohlenhydrate, davon Zucker 11g; 8g Ballaststoffe; 7g Proteine; 13g Fett
Zuckerersparnis: 27g

– Lunch –
Frischer Hähnchensalat

Zutaten (für 2 Personen)

250g Bio Hähnchenbrust, gewaschen
150g TK Maiskörner
1 EL Olivenöl
1 rote Chilischote, entkernt und gewürfelt
1 Avocado, gewürfelt
½ Salatgurke, gewürfelt
1 kleine Zwiebel, in Ringe geschnitten
2 Stangen Koriander, gezupft
2 EL Sojasauce
2 EL Zitronensaft
2 Handvoll Blattsalat nach Wahl

Zubereitung (ca. 30 Minuten)

Das Hähnchen salzen und pfeffern und im Topf mit Olivenöl beidseitig scharf anbraten. Bei geschlossenem Topf für je 10 Minuten bei mittlerer Stufe garen. Ohne Hitze im geschlossenen Topf 10–15 Minuten weitergaren. In der Zeit den Mais in einem weiteren Topf erhitzen. Das Dressing aus Chili, Öl, Sojasauce und Zitronensaft zubereiten. Avocado, Gurke, Zwiebel, Koriander und Blattsalat mit dem Mais zu einem Salat vermengen. Die gegarte Hähnchenbrust zerzupfen und unter den Salat heben, mit dem Dressing anrichten.

Nährwerte pro Person: Energie 494kcal, 26g Kohlenhydrate, davon Zucker 10g; 10g Ballaststoffe; 34g Proteine; 26g Fett
Zuckerersparnis: 33g

Sizilianische Caponata mit Vollkornbrot

Zutaten (für 2 Personen)

2 Scheiben Vollkornbrot
1 Aubergine, in Scheiben geschnitten
2 EL Olivenöl
1 Zwiebel, gewürfelt
2 Knoblauchzehen, gewürfelt
½ Bund Basilikum, gezupft
1 Selleriestange, gewürfelt
400g Cocktailtomaten, halbiert
2 EL schwarze Oliven
20g Pinienkerne
2 EL Kapern
Rotweinessig zum Abschmecken

Zubereitung (ca. 25 Minuten)

Die Aubergine salzen und für einige Minuten ziehen lassen. Anschließend mit einem Küchentuch die ausgetretene Flüssigkeit abtupfen. So treten die Bitterstoffe aus und der Biss der Aubergine wird zarter. Anschließend in Olivenöl für 10–12 Minuten bei mittlerer Hitze anbraten. Die Zwiebel, eine Knoblauchzehe, Sellerie und Tomaten dazugeben. Die Pinienkerne in einer ungeölten Pfanne goldbraun rösten und mit den schwarzen Oliven und Kapern in die Garpfanne geben. Die Caponata gut vermengen und mit Basilikum, Rotweinessig und Salz abschmecken. Nun die Brotscheiben im Toaster oder Ofen rösten und mit der zweiten Knoblauchzehe einreiben. Die Caponata mit den Broten servieren.

Nährwerte pro Person: Energie 404kcal, 32g Kohlenhydrate, davon Zucker 16g; 20g Ballaststoffe; 10g Proteine; 20g Fett
Zuckerersparnis: 21g

– Breakfast –
Schoko-Oatmeal mit Vanille-Joghurt & frischen Heidelbeeren

Zutaten (für 2 Personen)

100g Haferflocken
200ml Wasser
200ml ungesüßte Hafermilch
3 EL Xucker Heiße Schokolade
etwas Bourbon Vanille
100ml Natur-Sojajoghurt
2 EL Xucker Weiße Schoko-Drops
2 EL Xucker Edelbitter Schoko-Drops
1 Schale Heidelbeeren

Zubereitung (ca. 15 Minuten)

Haferflocken zusammen mit dem Wasser, der Hafermilch und dem Xucker Heiße Schokolade-Pulver in einem kleinen Topf köcheln lassen, bis die Flüssigkeit von den Haferflocken aufgenommen ist. Zwischenzeitlich das Oatmeal immer wieder mit einem Holzlöffel umrühren. Währenddessen den Joghurt mit der Bourbon Vanille vermengen. Nun das fertige Oatmeal in eine Schale geben, mit Xucker Edelbitter Schoko-Drops bedecken und anschließend den Vanille-Joghurt darüber geben. Mit Xucker Weiße Schoko-Drops und Heidelbeeren garnieren.

Nährwerte pro Person: Energie 388kcal, 53g Kohlenhydrate, davon Zucker 12g; 13g Ballaststoffe; 10g Proteine; 15g Fett
Zuckerersparnis: 27g

– Snack –
Kandierte Walnüsse

Zutaten (für 2 Personen)
1 Handvoll Walnüsse, 3 EL Xucker Bronxe

Zubereitung (ca. 15 Minuten)
Xucker Bronxe in der Pfanne schmelzen und die Walnüsse darin schwenken. Die Xucker-Nuss-Mischung auf ein Backpapier geben und mindestens 10 Minuten auskühlen lassen.

Nährwerte pro Person: Energie 203kcal, 4g Kohlenhydrate, davon Zucker 2g; 2g Ballaststoffe; 3g Proteine; 19g Fett
Zuckerersparnis: 12g

Lachs auf Zucchini-Feta-Salat und Zitronen-Kartoffeln

Zutaten (für 2 Personen)

2 Portionen frischer Lachs (Wildfang oder Bio)
1 Zucchini
Saft und Schalenabrieb einer halben Bio-Zitrone
½ Bio-Zitrone, in Spalten geschnitten
½ Bund Minze, gehackt
40g Bio Feta-Käse, gewürfelt
200g Frühlingskartoffeln, geputzt
½ TL Koriandersamen
1 TL Senfkörner
1 TL frischer Thymian, gezupft
etwas Oliven- & Kokosöl

Zubereitung (ca. 45 Minuten)

Ofen auf 220 Grad Ober- und Unterhitze vorheizen. Die Kartoffeln in Salzwasser 10 Minuten vorkochen, dann in einer Auflaufform mit Olivenöl, Salz, Pfeffer, Thymian, Koriandersamen und Senfkörnern bestreuen und mit Zitronenspalten belegen. Die Kartoffeln für 40 Minuten im Ofen backen, dabei einmal wenden. Den Lachs mit Kokosöl beidseitig anbraten und 8–10 Minuten garen. Die Zucchini mit einem Spargel-schäler zu dünnen Streifen schneiden. Zitronensaft / -abrieb, Minze und Feta dazu geben und abschmecken.

Nährwerte pro Person: Energie 603kcal, 25g Kohlenhydrate, davon Zucker 6g; 9g Ballaststoffe; 50g Proteine; 32g Fett
Zuckerersparnis: 15g

– Dinner –

Wachtelbohnen-Suppe

Zutaten (für 2 Personen)

1 Dose (ca. 400g) Wachtelbohnen oder weiße Bohnen
200g Räuchertofu, gewürfelt
2 Hände voll gefrorene Brokkoliröschen
1 Zwiebel, gewürfelt
1 Stange Staudensellerie, gewürfelt
½ Stange Lauch, gewürfelt
½ Liter Gemüsebrühe
½ Bund Petersilie, gehackt
½ TL Kurkuma
½ TL Cumin

Zubereitung (ca. 20 Minuten)

Räuchertofu und Zwiebeln im Topf mit Olivenöl bei mittlerer Hitze für 3–5 Minuten braten. Staudensellerie, Lauch und Brokkoli dazugeben und 3 Minuten weiter-garen. Nun die Wachtelbohnen samt Flüssigkeit sowie die Gemüsebrühe dazugeben. Die Suppe aufkochen. Mit Kurkuma, Cumin, Salz und Pfeffer abschmecken. Die Petersilie grob hacken und unter die Wachtelbohnen-Suppe rühren.

Nährwerte pro Person: Energie 582kcal, 39g Kohlenhydrate, davon Zucker 26g; 17g Ballaststoffe; 40g Proteine; 26g Fett
Zuckerersparnis: 3g

– Breakfast –

Spicy Apple Oatmeal

Zutaten (für 2 Personen)

100g Haferflocken
200ml Wasser
200ml ungesüßte Hafermilch
1 EL gehackte Mandeln
1 EL gehackte Walnusskerne
2 Äpfel, geraspelt
½ TL Ingwerpulver
½ TL Lebkuchengewürz
Xucker Light, nach Bedarf
2 Händevoll frische Beeren nach Wahl

Zubereitung (ca. 15 Minuten)

Wasser und Hafermilch in einem kleinen Topf aufkochen und die Haferflocken dazugeben. Unter Rühren köcheln lassen bis die Flüssigkeit von den Haferflocken aufgenommen wurde. Die geraspelten Äpfel dazu geben und zusammen mit den gehackten Mandeln, Gewürzen und Walnüssen unterrühren. Nach Bedarf mit etwas Xucker Light süßen. Das Oatmeal mit den frischen Beeren anrichten.

Nährwerte pro Person: Energie 420kcal, 63g Kohlenhydrate, davon Zucker 31g; 16g Ballaststoffe; 10g Proteine; 11g Fett
Zuckerersparnis: 28g

– Lunch –

Vollkornpizza aus der Pfanne

Zutaten (für 2 Personen)

60g Dinkelvollkornmehl
65g Dinkelmehl
2 TL Trockenhefe
1 Dose (400 g) gestückelte Tomaten
1 Knoblauchzehe, gewürfelt
1 Mozzarella-Ball, in Scheiben geschnitten
1 kleiner Bund Basilikum, gezupft
1 kleine Aubergine, in Scheiben geschnitten
80ml Wasser
etwas Öl

Zubereitung (ca. 25 Minuten)

Mehl, Hefe und 80ml warmes Wasser zu einem Teig verkneten, der nicht mehr klebt. Nach Bedarf mehr Mehl hinzufügen. Den Teig eine halbe Stunde gehen lassen. Nun die Aubergine bei mittlerer Hitze für 10 Minuten in Öl braten, mit Salz und Pfeffer würzen. Knoblauch und Tomaten für 5 Minuten mitbraten. Den Teig zu 2 Fladen ausrollen und in einer Pfanne ohne Öl bei mittlerer Stufe für 3 Minuten beidseitig ausbacken. Die Fladen nun mit dem Gemüse, Mozzarella und Basilikum belegen und bei geschlossenem Deckel weitere 4 Minuten „backen".

Nährwerte pro Person: Energie 542kcal, 60g Kohlenhydrate, davon Zucker 10g; 16g Ballaststoffe; 26g Proteine; 18g Fett
Zuckerersparnis: 15g

Möhren-Ricotta-Bratlinge mit Hummus-Dip

Zutaten (für 2 Personen)

5 Möhren, geraspelt
1 Handvoll Blumenkohl
2 EL Haferflocken, gemahlen
2 EL Flohsamenschalen
1 Packung (250g) Ricotta
1 Bio Ei
Petersilie, gezupft
1 Dose (400g) Kichererbsen
4 EL Tahini
2 Knoblauchzehen
Saft einer halben Zitrone
½ TL Kurkuma
½ TL Cumin
Leinöl

Zubereitung (ca. 25 Minuten)

Den Blumenkohl im Mixer reisgroß hacken und mit den Möhrenraspeln in ein Leinentuch geben. Die Flüssigkeit auspressen. Nun zwei Esslöffel Tahini, Haferflocken, Ricotta und das Ei untermengen. Flohsamenschalen dazugeben und die Masse für 15 Minuten im Kühlschrank ruhen lassen. Die Bratlingmasse in gleich große Bälle formen und anschließend flach drücken. Behalten die Bratlinge nicht ihre Form bei, ein weiteres Ei in den Teig einkneten. Bei mittlerer Hitze für 5 Minuten in einer geölten Pfanne garen. In der Zwischenzeit die Kichererbsen samt Flüssigkeit in einer Schale mit Tahini, Knoblauch und dem Zitronensaft zu einer sämigen Paste pürieren. Mit Salz, Pfeffer, Kurkuma und Cumin abschmecken, mit Leinöl und Petersilie servieren.

Nährwerte pro Person: Energie 741kcal, 39g Kohlenhydrate, davon Zucker 11g; 16g Ballaststoffe; 36g Proteine; 46g Fett
Zuckerersparnis: 15g

– Breakfast –

Porridge mit Chia-Samen

Zutaten (für 2 Personen)

5 EL Haferflocken
1 EL Leinsamen, geschrotet
1 EL Chia-Samen
250ml ungesüßte Pflanzenmilch
1 TL Flohsamenschalen
1 TL Erdmandelmehl
1 EL Leinöl
etwas Bourbon Vanille
½ TL Zimt
1 Handvoll Walnüsse, gehackt
1 Birne, gewürfelt
1 Handvoll Heidelbeeren

Zubereitung (ca. 15 Minuten)

Haferflocken, Leinsamen, Chia-Samen und Pflanzen-milch mit einer Prise Salz in einen Topf geben. Bei mittlerer Hitze unter Rühren für 8–10 Minuten köcheln lassen bis ein sämiger Brei entsteht. Ist das Porridge fertig, werden Flohsamenschalen, Erdmandelmehl, Walnüsse und Leinöl untergerührt und mit Zimt und Bourbon Vanille abgeschmeckt. Anschließend die Birne und die Beeren über das Porridge geben.

Nährwerte pro Person: Energie 367kcal, 25g Kohlenhydrate, davon Zucker 15g; 14g Ballaststoffe; 10g Proteine; 23g Fett
Zuckerersparnis: 44g

Rezept von Andreas
Er hält Xucker als Geschäftsführer immer voll auf Kurs.

Buchweizenspätzle mit Basilikum-Pesto

Zutaten (für 2 Personen)

125g Buchweizenmehl
65ml lauwarmes Wasser
2 große Bio Eier
15ml Rapsöl
frisch geriebene Muskatnuss
35g Basilikum, gehackt
zusätzliche Basilikumblätter zum Anrichten
15g Pinienkerne, gehackt
1 Knoblauchzehe
15g Bergkäse
75g Olivenöl
1 TL Salz, 1 TL Pfeffer
Spritzer Zitrone

Zubereitung (ca. 30 Minuten + 1 Stunde Ziehzeit)

Die Pinienkerne ohne Öl in einer Pfanne bei schwacher Hitze goldbraun rösten, mit Basilikum und Knoblauch im Mörser zerstampfen. Mit Salz, Pfeffer und Zitrone abschmecken und das Olivenöl unterrühren. Das Buchweizenmehl, Wasser, Eier, Rapsöl, etwas Muskat, Salz und Pfeffer verrühren, bis der Teig Blasen wirft. Den Teig mit einer Spätzlepresse in einen Topf mit siedendem Salzwasser pressen. Die Spätzle abschöpfen sobald sie oben schwimmen, mit Pesto und Basilikum anrichten.

Nährwerte pro Person: Energie 477kcal, 45g Kohlenhydrate, davon Zucker 1g; 4g Ballaststoffe; 21g Proteine; 22g Fett
Zuckerersparnis: 3g

Süßkartoffel-Zucchini-Salat mit Curry-Mandel-Sauce

Zutaten (für 2 Personen)

2 kleine Süßkartoffeln, geschält
1 Zucchini
40g Walnüsse
40g getrocknete Cranberries
Minze
50g Mandelmus
25g Kokosöl
6 TL Currypulver, 2 TL Zimt
4 TL Weißweinessig
Sojasauce

Zubereitung (ca. 15 Minuten)

Für die Curry-Mandel-Sauce Mandelmus, Kokosöl, Currypulver, Zimt und Essig miteinander verquirlen und mit Sojasauce abschmecken. Anschließend Süßkartoffeln und Zucchini mit einem Spiral- oder Spargelschäler zu Nudeln verarbeiten. Die Nudeln mit der Curry-Mandel-Sauce anrichten und mit den Beeren, Walnüssen sowie etwas frischer Minze garnieren.

Nährwerte pro Person: Energie 878kcal, 79g Kohlenhydrate, davon Zucker 26g; 10g Ballaststoffe; 15g Proteine; 42g Fett
Zuckerersparnis: 9g

– Breakfast –

Knusper-Schoko-Müsli

Zutaten (für 2 Personen)

100g zuckerfreies Basis-Müsli oder Haferflocken
3 EL gepuffter Vollkornreis
2 EL Kürbiskerne
½ Handvoll Walnüsse
50g Xucker Bronxe
2 EL Xucker Schoko-Drops
1 Apfel, gewürfelt
ungesüßte Hafermilch

Zubereitung (ca. 20 Minuten)

Die Flocken auf zwei Schalen verteilen. Den Xucker Bronxe in einer Pfanne bei mittlerer Hitze schmelzen, den gepufften Reis, die Kürbiskerne und Walnüsse dazu geben und alles gut schwenken. Die Masse auf Backpapier geben und für einige Minuten abkühlen lassen. Die kandierte Mischung zusammen mit den Apfelstücken und etwas Xucker Schoko-Drops über das Müsli verteilen. Mit warmer oder kalter Hafermilch servieren.

Nährwerte pro Person: Energie 427kcal, 41g Kohlenhydrate, davon Zucker 6g; 6g Ballaststoffe; 10g Proteine; 24g Fett
Zuckerersparnis: 54g

– Lunch –

Vollkornbrotzeit mit Matjestartar und Gurkensalat

Zutaten (für 2 Personen)

4 Vollkornbrotscheiben (Korn an Korn)
4 EL Kräuterfrischkäse
1 Gurke, gewürfelt
2 Schalotten, gewürfelt
1 EL Senf (zuckerfrei)
1 EL Xucker Premium
2 EL Leinöl
Saft einer halben Zitrone
1 Bund Dill, gehackt
3 Matjesfilets, gewürfelt
1 Apfel, gewürfelt

Zubereitung (ca. 15 Minuten)

Für den Gurkensalat die Gurken und die Hälfte der Schalottenwürfel in eine Schüssel geben. Das Dressing aus Senf, Xucker Premium, Zitronensaft und einem Esslöffel Leinöl anrühren und mit Dill, Salz und Pfeffer abschmecken. Für das Matjestartar die fein gewürfelten Matjesfilets, Schalotten und die Apfelwürfel gut miteinander vermengen und mit Pfeffer abschmecken. Matjestartar und Gurkensalat mit Vollkornbrot und Kräuterfrischkäse servieren.

Nährwerte pro Person: Energie 619kcal, 69g Kohlenhydrate, davon Zucker 14g; 9g Ballaststoffe; 27g Proteine; 25g Fett
Zuckerersparnis: 12g

Misosuppe mit Seidentofu und Shirataki-Nudeln

Zutaten (für 2 Personen)

2 Tüten Miso-Instantsuppe
oder 500ml Gemüsebrühe
und 1 EL helle japanische Misopaste
2 Möhren, in Scheiben geschnitten
2 Hände voll Brokkoliröschen
Eine Knolle Pak Choi
etwas Koriander und Basilikum
1 Hand voll Champignons
1 weich gekochtes Ei
1 Frühlingszwiebel, in Scheiben geschnitten
Sojasauce
1 Packung (ca. 200g) Shirataki-Nudeln
150g japanischer Seidentofu, gewürfelt

Zubereitung (ca. 20 Minuten)

Zunächst die Karotten mit etwas Olivenöl im großen Topf zusammen mit den Brokkoliröschen für 3–5 Minuten bei mittlerer Hitze anbraten. Anschließend einen halben Liter Wasser sowie den Inhalt von 2 Tüten Miso-Instantsuppe dazugeben und aufkochen lassen. Ist das Gemüse gar, wird die Suppe vom Herd genommen und die Shirataki-Nudeln sowie der Tofu hineingegeben. Nach vier Minuten sind der Tofu und die Nudeln erwärmt und die Suppe kann mit den Kräutern, Frühlingszwiebeln und einem halben Ei serviert werden.

Nährwerte pro Person: Energie 322kcal, 15g Kohlenhydrate, davon Zucker 9g; 85g Ballaststoffe; 15g Proteine; 3g Fett
Zuckerersparnis: 3g

Wochen-highlight

– Bloggerspecial –

Ronja Pfuhl
www.foodnphoto.de

Weiße-Schokolade-Cranberry-Nuss-Granola (Knuspermüsli)

Zutaten (für 2 Personen)

35g Xucker Weiße Schoko-Drops
15g getrocknete Cranberries
40g Haferflocken
25g Gerstenflocken
2 EL Xucker Premium
2 EL Cashewkerne, gehackt
2 EL Pistazien, gehackt
2 EL Kokosraspeln
10g geschmolzenes Kokosöl
ca. 160ml ungesüßte Mandelmilch
200g Erdbeeren, geviertelt

Zubereitung (ca. 45 Minuten)

Etwa 20 Gramm Xucker Weiße Schoko-Drops im Wasserbad schmelzen und etwas Kokosöl dazugeben. Die Masse geschmeidig rühren und die Cranberries hineingeben. Anschließend jede Cranberry einzeln mit einer Gabel auf Backpapier legen und im Kühlschrank aushärten lassen. Den Backofen auf 175 Grad Umluft vorheizen. Alle Zutaten, außer etwa 15g Haferflocken und Schoko-Drops, miteinander vermischen, auf ein mit Backpapier ausgelegtes Backblech verteilen und für 15 Minuten backen. In der Zeit die Granola überwachen, da sie schnell sehr dunkel werden kann. Die Granola abkühlen lassen, bevor Xucker Weiße Schoko-Drops und die restlichen Gerstenflocken untergemischt werden. Zum Servieren die Erdbeeren zusammen mit der Milch über die Granola geben.

Nährwerte pro Person: Energie 436kcal, 41g Kohlenhydrate, davon Zucker 14g; 5g Ballaststoffe; 27g Proteine; 26g Fett
Zuckerersparnis: 45g

Snack
Schokoladen-Bananen-Eis Shake

Zutaten (für 2 Personen)

1 Banane, gefroren & in Scheiben geschnitten
400ml ungesüßte Mandelmilch
1 EL Xucker Nuss-Nougat Creme

Zubereitung (ca. 5 Minuten)

Alle Zutaten in einem Mixer oder mit einem Pürierstab zu einem cremigen Shake mixen.

Nährwerte pro Person: Energie 110kcal, 13g Kohlenhydrate, davon Zucker 10g; 2g Ballaststoffe; 2g Proteine; 5g Fett
Zuckerersparnis: 13g

Blumenkohl-Camembert-Burger mit Süßkartoffelpommes

Zutaten (für 2 Personen)

1 Fleischtomate, in Scheiben geschnitten
1/4 Gurke, in Scheiben geschnitten
40g Camembert, in Scheiben geschnitten
Xucker Tomatenketchup
einige Salatblätter nach Wahl
165g Dinkelvollkornmehl
7g frische Hefe
25g Bio Butter, Zimmertemperatur
2 Bio Eier
40ml Milch nach Wahl
2–3 EL Wasser
½ TL Xucker Premium
etwas weiße Sesamkörner
150g Blumenkohl
Gewürze: Muskat, Paprikapulver, Oregano, Currypulver, Knoblauchgranulat
½ kleine Zwiebel, gehackt
15g Vollkorn-Semmelbrösel
1 Süßkartoffel, in Streifen geschnitten
Olivenöl

Zubereitung (ca. 120 Minuten)

Für die Brötchen: Die Milch auf ca. 37 Grad erwärmen, Hefe und Xucker Premium darin auflösen. Ein Ei verquirlen und 1 EL zur Seite stellen. Zum Mehl etwas Salz, die Hefemischung, Ei, Butter und Wasser geben. Die Masse zu einem geschmeidigen Teig kneten, der abgedeckt an einem warmen Ort eine Stunde ruhen sollte. Danach den Teig teilen und zwei Brötchen formen, die eine weitere halbe Stunde ruhen. Die Brötchen mit dem übrigen Ei bepinseln und mit Sesam bestreuen, für etwa 20 Minuten bei 200 Grad backen.

Für den Blumenkohl-Bratling: Den Blumenkohl anbraten, abtropfen und mit dem Kartoffelstampfer zerstampfen. Mit Zwiebeln und einem Ei vermengen, 15 Minuten ziehen lassen. Bei Bedarf Mehl oder Haferflocken ergänzen. Die Masse mit Muskat, Pfeffer und Salz würzen und 2 Bratlinge formen, die in Semmelbrösel gewälzt und bei 200 Grad für 20–25 Minuten goldbraun gebacken werden. Nach ca. 15 Minuten wenden. Danach den Camembert direkt auf die Burger legen. Mit Tomaten- und Gurkenscheiben, Xucker Tomatenketchup und dem Salat die Burger anrichten.

Für die Süßkartoffelpommes: Den Ofen auf 230–250 Grad Umluft vorheizen. Die Süßkartoffelsticks mit Olivenöl, Salz, Paprikapulver, Oregano, Currypulver und Knoblauchgranulat würzen. Die Pommes für 15–20 Minuten backen.

Nährwerte pro Person: Energie 692kcal, 80g Kohlenhydrate, davon Zucker 11g; 11g Ballaststoffe; 27g Proteine; 27g Fett
Zuckerersparnis: 18g

– Dinner –

Spinatsalat mit Walnüssen, Feta und Joghurtdressing

Zutaten (für 2 Personen)

200g frischer Blattspinat
100g Feldsalat
250g Cherrytomaten, halbiert
100g Bio Feta-Käse, zerbröselt
40g Walnüsse, gehackt
150ml Naturjoghurt
1 EL Rapskernöl
1 EL Weißweinessig
1 EL Xucker Premium
1 TL zuckerfreier Senf
2 EL Schnittlauch
1 Spritzer Zitrone
½ gepresste Knoblauchzehe

Zubereitung (ca. 15 Minuten)

Für das Dressing zunächst den Naturjoghurt, das Rapskernöl, etwas Weißweinessig und Xucker Premium vermengen. Schließlich den zuckerfreien Senf, etwas Schnittlauch, Zitronensaft und die gepresste Knoblauchzehe gut unterrühren, sodass ein homogenes Dressing entsteht. Für den Salat den Spinat und den Feldsalat auf einem Teller anrichten und die vorbereiteten Tomaten, Walnüsse und Feta darüber verteilen. Das Dressing erst kurz vor dem Servieren über den Salat geben.

Nährwerte pro Person: Energie 424kcal, 32g Kohlenhydrate, davon Zucker 11g; 4g Ballaststoffe; 19g Proteine; 31g Fett
Zuckerersparnis: 9g

14. TAG

Wochen-
highlight

– Bloggerspecial –

Stefanie Anich
www.stefaniegoldmarie.com

Nuss-Nougat Creme French Toast

Zutaten (für 2 Personen)

4 Scheiben Dinkelvollkorn-Toast
40ml ungesüßte Pflanzenmilch
1 Bio Ei
1 EL Xucker Bronxe
Bourbon Vanille
Zimt
2 TL Xucker Nuss-Nougat Creme
1 TL Kokosöl
1 Banane
2 Handvoll frische Beeren

Zubereitung (ca. 15 Minuten)

In einer Schüssel Pflanzenmilch, Ei, Xucker Bronxe und etwas Bourbon Vanille miteinander vermischen. Das Kokosöl in der Pfanne erhitzen und je eine Toastscheibe mit Xucker Nuss-Nougat Creme bestreichen, eine zweite Toastscheibe fest darauf drücken. Die Toasts in die Xucker-Ei-Mischung tauchen und Zimt darüber streuen. Nun die Toasts in die heiße Pfanne geben und von jeder Seite ca. 3–4 Minuten goldbraun backen. Den Toast mit Bananenstücken und Früchten toppen.

Nährwerte pro Person: Energie 221kcal, 22g Kohlenhydrate, davon Zucker 7g; 9g Ballaststoffe; 8g Proteine; 10g Fett
Zuckerersparnis: 30g

Marillen Quark Knödel

Zutaten (für 2 Personen)

300g Magerquark
100g Grieß
20g ungesüßtes Vanillepuddingpulver
2 EL Xucker Light
2 Bio Eier
8 kleine Marillen
etwas Bourbon Vanille
Granola oder Haferflocken

Zubereitung (ca. 30 Minuten)

Quark, Eier, Xucker Light, Grieß, Puddingpulver und etwas Bourbon Vanille gut miteinander vermengen. Den Teig 10 Minuten kühl ruhen lassen und einen Topf mit Wasser zum Kochen bringen. Die Marillen einschneiden und den Kern entfernen. Den Teig nun in 6 gleichgroße Stücke teilen und mit angefeuchteten Händen den etwas klebrigen Teig flach drücken, die Marille in die Mitte legen und den Teig zu einem Knödel rollen. Die Knödel kommen nun für 10-15 Minuten in das köchelnde Wasser. Die Hitze auf die niedrigste Stufe herunter stellen, sodass die Knödel in dem heißen Wasser nur durchziehen können. Wenn die Knödel fertig sind, in Granola oder Haferflocken wälzen und mit 2 kleinegeschnittenen Marillen toppen, die mit Bourbon Vanille gesüßt für 5-8 Minuten in der Mikrowelle oder in der Pfanne erhitzt und anschließend püriert wurden.

Nährwerte pro Person: Energie 443kcal, 61g Kohlenhydrate, davon Zucker 10g; 3g Ballaststoffe; 33g Proteine; 6g Fett
Zuckerersparnis: 23g

Seafood Pasta

Zutaten (für 2 Personen)

160g Dinkelvollkorn-Spaghetti
2 Handvoll Rucola
2 TL Olivenöl
100g Bio Räucherlachs
300g Bio Riesengarnelen (8–10 Stück)
300g Tomaten
300g Champignons
etwas Lauch
4 EL Xucker Tomatenketchup
Knoblauchgranulat
Tomatenflocken, Arrabiata Gewürzmischung
frisches Basilikum

Zubereitung (ca. 20 Minuten)

Die Nudeln nach Anleitung auf der Packung kochen. Den Lauch, Tomaten und die Champignons klein schneiden. Einen Teelöffel Öl in einer Pfanne bei mittlerer Hitze erwärmen. Lauch und Champignons darin anbraten bis sie goldbraun sind. Nun die Hitze reduzieren, drei Viertel der kleingeschnittenen Tomaten dazugeben und für 5 Minuten mitköcheln lassen. Xucker Tomatenketchup, Kräuter, Gewürze, Salz und Pfeffer dazugeben. Währenddessen die Garnelen mit Knoblauchgranulat, Salz, Pfeffer und Kräutern marinieren und in einer Pfanne für 2–3 Minuten scharf anbraten. Zu guter Letzt den Räucherlachs und etwas Rucola sowie die Nudeln in die Sauce geben. Alles gut durchmischen und mit dem restlichen Rucola sowie den Garnelen servieren.

Nährwerte pro Person: Energie 540kcal, 61g Kohlenhydrate, davon Zucker 13g; 25g Ballaststoffe; 50g Proteine; 7g Fett
Zuckerersparnis: 17g

Woche 3 – Essen macht glücklich

Woche 2 deiner Xucker Challenge liegt nun hinter dir. Uns ist wichtig, dass du die Xucker Challenge nicht nur als kurze Aktion betrachtest, sondern als einen Start in ein gesundes Leben. Im Alltag gibt es viel, über das man sich Gedanken machen muss. Die drei Mahlzeiten am Tag sollten nicht dazugehören. Das was du isst, soll dich glücklich machen und dich nicht belasten, weder körperlich noch psychisch.

Wir leben heutzutage in einem Schlaraffenland: An jeder Ecke gibt es süße und fettige Leckereien. Unsere Supermärkte sind überfüllt mit Köstlichkeiten aus aller Welt, wir können unser Gemüse und Obst ganzjährig erwerben. Man könnte meinen, dass es uns besser nicht gehen kann. Belastend wird das Schlaraffenland erst, wenn wir nicht mehr entscheiden können, welche Lebensmittel uns gut tun und welche nicht. Wir suchen daher nach Orientierung und einer Ernährungsweise, die uns in der Lebensmittelwahl einschränkt. Dadurch fällt es uns leichter im Lebensmittel-Dschungel die richtigen Entscheidungen zu treffen. Wir zeigen dir in den 30 Tagen daher Lebensmittel, mit denen du nach der Xucker Challenge arbeiten kannst, ohne dir Gedanken über Kalorien oder den Zuckergehalt zu machen.

Das Einzige, an dass du denken solltest ist täglich genügend Gemüse zu essen und zuckerhaltige Produkte nur als Genussakzente zu konsumieren, damit dein Körper genügend Treibstoff für ein aktives, glückliches Leben bekommt. Wenn du täglich mindestens drei Hände voll Gemüse isst, dann wirst du schnell feststellen, dass du gar keinen Hunger oder Appetit mehr auf vieles andere hast, weil du von dem vielen Gemüse einfach sehr satt bist.

Nudeln, Brot, Kartoffeln, Reis und andere stärkehaltige Produkte waren lange Zeit die Sattmacher auf unserem Teller, Gemüse nur eine zerkochte Beilage. Das ändert sich nun: Brokkoli, Erbsen, Bohnen und anderes Gemüse sind der zentrale Bestandteil auf unseren Tellern und sättigen nachhaltig. Du wirst feststellen, dass deine Ernährung damit viel bunter und reicher an unterschiedlichen Geschmäckern wird.

Jeden Tag kannst du neue Kombinationen ausprobieren. Bei alledem musst du trotzdem nicht auf den süßen Geschmack verzichten, den wir von Geburt an lieben. Wenn du Früchte und Xucker sparsam als Genussakzent einsetzt, dann tust du deiner Seele etwas Gutes und hast nicht das Gefühl, dass du auf etwas verzichten oder eine Mahlzeit sogar bereuen musst. In der kommenden Woche findest du weitere Lieblingsrezepte aus unserem Alltag: Neben unseren Bloggerhighlights, kannst du dich schon auf Quinoa-Sushi, marinierte Auberginen und einen Granatapfel-Avocado-Salat freuen. Beim Frühstück erwarten dich wieder vielfältige Hafer-Gerichte, immer wieder neu interpretiert. So macht Essen glücklich!

Zuckerersparnis

– Woche 3 –

423g
Zucker

1181
Zuckerwürfel

– Snack –
Chocolate Chip Cookies

Zutaten (für 2 Personen):
70g Dinkelvollkornmehl, 70g Puderxucker,
½ TL Natron, ½ TL Salz, 65g Bio Butter,
1 Bio Ei, 50g Xucker Schoko-Drops

Zubereitung (ca. 25 Minuten)
Butter und Puderxucker aufschlagen. Die
anderen Zutaten einrühren. Eiergroße Häufchen
auf dem Backblech verteilen. Für ca. 15 Minuten
bei 190 Grad bei Ober-und Unterhitze im Ofen
backen.

Nährwerte pro Person: Energie 543kcal, 27g Kohlenhydrate,
davon Zucker 0g; 4g Ballaststoffe; 10g Proteine; 43g Fett
Zuckerersparnis: 50g

– Breakfast –

Schoko-Hafer-Taler mit Cheesecake-Cream und frischen Erdbeeren

Zutaten (für 2 Personen)

100g Haferflocken
200ml Wasser
1 Bio Ei
3 EL Xucker Heiße Schokolade
1 Prise Salz
etwas Bourbon Vanille
2 EL Puderxucker
150g Bio Naturfrischkäse
etwas Zitronensaft
1 TL Kokosöl
2 Hände voll Erdbeeren

Zubereitung (ca. 15 Minuten)

Die Haferflocken für 5 Minuten in Wasser einweichen, mit dem Xucker Heiße Schokolade Pulver verrühren und ein Ei untermengen. Die Masse zu flachen Fladen formen und in Kokosöl von beiden Seiten für ca. 3 Minuten bei mittlerer Hitze anbraten. In der Zwischenzeit den Frischkäse mit Puderxucker, Bourbon Vanille und etwas Zitronensaft cremig rühren. Die Schoko-Hafer-Taler mit der Cheesecake-Cream und geviertelten Erdbeeren garnieren.

Nährwerte pro Person: Energie 405kcal, 44g Kohlenhydrate, davon Zucker 6g; 7g Ballaststoffe; 18g Proteine; 17g Fett
Zuckerersparnis: 76g

Kichererbsen-Feta-Salat

Zutaten (für 2 Personen)

1 Dose (400g) Kichererbsen, abgegossen
1 Schalotte, gehackt
100g Bio Feta-Käse
1 Bund Koriander oder Petersilie
½ rote Chili-Schote, entkernt und gehackt
100g Cherrytomaten, halbiert
Saft einer halben Zitrone
2 Scheiben Vollkornbrot (Korn-an-Korn)
2 TL Rapskernöl
½ Knoblauchzehe

Zubereitung (ca. 15 Minuten)

Schalotte, Chili-Schote, Cherrytomaten, Feta und Kicher-erbsen in einer Schüssel vermengen. Petersilie oder Koriander zupfen, grob hacken und unter den Salat mischen. Mit Rapskernöl, Zitronensaft, Salz und Pfeffer abschmecken. Das Vollkornbrot toasten und mit einer angeschnittenen Knoblauchzehe bestreichen. Das Brot zu Croûtons würfeln und über den Salat geben.

Nährwerte pro Person: Energie 528kcal, 54g Kohlenhydrate, davon Zucker 9g; 13g Ballaststoffe; 26g Proteine; 20g Fett
Zuckerersparnis: 7g

– Dinner –

Pochiertes Ei auf Gemüsepfanne

Zutaten (für 2 Personen)

4–5 Hände voll restliches Gemüse, das sich noch im Kühlschrank befindet, in mundgerechte Stücke geschnitten
1 Knoblauchzehe, gehackt
2 Schalotten, gehackt
2 Bio Eier

Zubereitung (ca. 20 Minuten)

Alles Gemüse in einer großen Pfanne für 12–15 Minuten bei mittlerer Hitze garen. In der Zeit einen Topf auf 5 cm mit Wasser füllen, ein paar Spritzer Essig hinzu-fügen und erhitzen, sodass das Wasser fast kocht. Die Hitze konstant halten. Mit einem Löffel einen Strudel erzeugen. Die Eier jeweils 3 Minuten hinein-geben, anschließend mit Küchenpapier abtupfen. Die pochierten Eier auf dem Gemüse anrichten, das Eigelb vor dem Servieren anschneiden.

Nährwerte pro Person: Energie 209kcal, 14g Kohlenhydrate, davon Zucker 5g; 9g Ballaststoffe; 19g Proteine; 7g Fett
Zuckerersparnis: 10g

– Breakfast –

Obstsalat und Hafer-Crunch auf Overnight-Chia-Pudding

Zutaten (für 2 Personen)

5 EL Chiasamen
250 ml ungesüßte Hafermilch
etwas Bourbon Vanille
2 EL Xucker Light
3 EL Haferflocken
1 EL Xucker Bronxe
2 Birnen, in mundgerechten Stücken
1 Banane, in mundgerechten Stücken
1 Orange, in mundgerechten Stücken
etwas Zitronensaft

Zubereitung (ca. 15 Minuten)

Die Chiasamen, Xucker Light und Bourbon Vanille vermengen, 20 Minuten lang immer wieder umrühren und über Nacht stehen lassen. Xucker Bronxe in einer Pfanne bei mittlerer Hitze verflüssigen, die Hafer-flocken darin schwenken und abkühlen lassen. Das Obst mit Zitronensaft abschmecken. Den Chia-Pudding mit Obstsalat und Hafer-Crunch toppen.

Nährwerte pro Person: Energie 246 kcal, 45 g Kohlenhydrate, davon Zucker 30 g; 8 g Ballaststoffe; 5 g Proteine; 4 g Fett
Zuckerersparnis: 30 g

– Lunch –

Karotten-Hummus-Sandwich

Zutaten (für 2 Personen)

4 Scheiben Vollkornbrot
1 Dose (400 g) Kichererbsen
1 Knoblauchzehe
2 EL Tahini
Saft einer halben Zitrone
½ Bund Petersilie
4 Möhren
2 EL Weißweinessig
1 TL Koriandersamen
1 TL Senfkörner
1 TL Cumin
1 TL Kurkuma
1 Hand voll Rucola

Zubereitung (ca. 20 Minuten)

Für den Hummus die Kichererbsen samt Flüssigkeit mit Knoblauch, Tahini, Zitronensaft, Salz und Pfeffer sämig pürieren. Die Karotten waschen, putzen und in dünne Sticks schneiden, in einer Pfanne oder Mikro-welle für 2–3 Minuten stark erhitzen, sodass die Möhren-Sticks gar sind. Die Sticks nun in einer Schale mit Essig und Gewürzen gut vermengen und mit Salz und Pfeffer abschmecken. Die Karotten 5 Minuten ruhen lassen. Die Vollkornbrote daumendick mit Hummus bestreichen und mit Rucola, Petersilie und den marinierten Möhrensticks belegen.

Nährwerte pro Person: Energie 411 kcal, 61 g Kohlenhydrate, davon Zucker 10 g; 17 g Ballaststoffe; 16 g Proteine; 8 g Fett
Zuckerersparnis: 10 g

Tandoori Chicken mit scharfer Aubergine und Avocado-Granatapfel-Salat

Zutaten (für 2 Personen)

2 Bio Hähnchenbrüste
3 EL Tandoori-Marinade (ohne Zucker)
1 große Aubergine, in daumendicken Stücken
1 TL Zimt
½ EL Xucker Premium
1 TL Chilipulver
½ TL Cumin
2 Avocados
1 Granatapfel
½ Bund Petersilie oder Koriander
120ml Natur-Joghurt
2 Stängel frische Minze
4 EL Olivenöl
2 EL Rapskernöl
1 Bio Zitrone

Zubereitung (ca. 40 Minuten)

Für das Tandoori Chicken: Die Tandoori-Marinade mit Olivenöl, Salz, Pfeffer und dem Saft einer halben Zitrone verrühren, die Hähnchenbrüste damit bestreichen. Dann das Fleisch bei mittlerer Hitze für 10–12 Minuten durchgaren.

Für die Auberginen: Den Ofen auf 180 Grad Ober- und Unterhitze vorheizen. In der Zwischenzeit die Auberginenstücke mit Salz und Pfeffer würzen und mit dem restlichen Olivenöl beträufeln. Die Auberginen mit Xucker Premium, Zimt, Chilipulver und Cumin bestreuen, in eine Auflaufform geben und für 25 Minuten im Ofen backen. Erscheinen die Auberginen-Spalten zu trocken, kann noch etwas Olivenöl dazugeben werden.

Für den Avocado-Granatapfel-Salat: Die Avocados stückeln und in einer Schale mit Rapskernöl, Salz, Pfeffer sowie dem Saft und Schalenabrieb einer halben Bio-Zitrone vermengen. Nun den Granatapfel halbieren und durch leichte Schläge auf die Schale, mit einem Holzlöffel, die Granatapfelkerne über den Salat herausklopfen. Die Kerne mit gezupftem Koriander bzw. Petersilie unterheben.

Für das Joghurt-Dressing: Den Naturjoghurt mit etwas Olivenöl, Salz und Pfeffer würzen. Mit frisch gezupfter Minze garnieren und zu dem Fleisch servieren.

Nährwerte pro Person: Energie 783kcal, 27g Kohlenhydrate, davon Zucker 24g; 20g Ballaststoffe; 41g Proteine; 52g Fett
Zuckerersparnis: 5g

– Breakfast –
Himbeer-Birnen-Oatmeal mit Schokolade

Zutaten (für 2 Personen)

100g Haferflocken
200ml Wasser
200ml ungesüßte Mandelmilch oder Hafermilch
etwas Bourbon Vanille
2 EL Xucker Light
1 Messerspitze Zimt
2 Hände voll Himbeeren
1 Birne
2 EL Xucker Weiße Schoko-Drops

Zubereitung (ca. 15 Minuten)

Wasser und Pflanzenmilch aufkochen und mit einem Holzlöffel die Haferflocken einrühren, bis die Flüssigkeit eingekocht ist. Mit Bourbon Vanille, Xucker und Zimt würzen und die Himbeeren einrühren, sodass sich der Brei fruchtig rosa färbt. Nun eine klein geschnittene Birne über das Oatmeal verteilen, mit Xucker Weiße Schoko-Drops toppen.

Nährwerte pro Person: Energie 274kcal, 42g Kohlenhydrate, davon Zucker 7g; 9g Ballaststoffe; 6g Proteine; 7g Fett
Zuckerersparnis: 53g

– Snack –
Sweet and Cheesy Fruits

Zutaten (für 2 Personen)

2 Hände voll gemischt mit Aprikose, Nektarinen und/oder Erdbeeren
100g Naturfrischkäse
etwas Bourbon Vanille
2 EL Puderxucker
etwas Zitronensaft
2 EL Haferflocken
2 EL gehackte Walnüsse
1 EL Xucker Bronxe

Zubereitung (ca. 15 Minuten)

Zunächst die Aprikosen und Nektarinen halbieren und entkernen. Die Erdbeeren mit einem Schälmesser leicht aushöhlen. In einer Schale den Frischkäse mit Puderxucker, Bourbon Vanille und Zitronensaft zu einer feinen Creme rühren und diese in die Früchte füllen. Die Sweet and Cheesy Fruits bis zum Servieren in den Kühlschrank stellen und mit in Xucker Bronxe kandierten Walnüssen und Haferflocken servieren.

Nährwerte pro Person: Energie 138kcal, 12g Kohlenhydrate, davon Zucker 7g; 3g Ballaststoffe; 5g Proteine; 7g Fett
Zuckerersparnis: 20g

Red-Quinoa-Sushi mit Thunfisch-Meerrettich-Creme und geräucherter Forelle

Zutaten (für 4 Personen)

300g Quinoa, gewaschen
ca. 50ml Rote Beete Saft
6 EL Weißweinessig oder Reisessig
2 EL Xucker Premium
2 TL Salz
ca. 125g geräucherte Forelle (Wildfang oder Bio)
1 Dose Thunfisch in eigenem Saft (ca. 150g)
(Angelfang im Pazifik)
100g Bio Naturfrischkäse
1 EL Meerrettich / Österreichischer Kren / Wasabi-Paste
2 Hände voll Rucola, gewaschen
2 Möhren
½ Salatgurke
½ Paprika
Sojasauce
6 Noriblätter

Zubereitung (ca. 50 Minuten)

Den Quinoa nach Packungsanleitung garen. In der Zwischenzeit den Rote Beete Saft mit Essig, Xucker und Salz verrühren. Das Gemüse und die Räucherforelle in dünne Streifen schneiden. Den Thunfisch mit dem Frischkäse in einer Schale zu einer Paste verquirlen und je nach Schärfegrad etwas Pfeffer und Meerrettich unterrühren. Ist der Quinoa fertig gekocht und noch heiß, sollte das Rote Beete-Essig-Xucker-Dressing mit einem Holzlöffel untergerührt und das Quinoa abgeschmeckt werden. Letztlich sollte das Sushi-Quinoa leicht klebrig sein, bevor es im Kühlschrank für ca. 30 Minuten abkühlt. Nun nacheinander die Noriblätter mit dem Sushi-Quinoa etwa daumendick bestreichen, wobei am oberen Rand des Noriblatts etwa drei Zentimeter ausgespart werden. Das untere Drittel des Quinoas nach Belieben belegt, zu einer Sushirolle zusammenrollen und leicht andrücken. Am besten klappt dies mit einer entsprechenden Sushi-Bambusmatte. Mit einem scharfen Messer, das an der Klinge nach jedem Schnitt erneut mit Wasser benetzt wird, können nun gleichgroße Stücke geschnitten werden. Zu den Quinoa-Sushi wird Soja-sauce gereicht.

Nährwerte pro Portion: Energie 403kcal, 52g Kohlenhydrate, davon Zucker 4g, 6g Ballaststoffe; 28g Proteine; 13g Fett
Zuckerersparnis: 14g

– Breakfast –

Kokos-Quinoa-Porridge

Zutaten (für 2 Personen)

250g Quinoa
ca. 200ml Kokosmilch
ca. 300ml Wasser
etwas Bourbon Vanille
Xucker Fruchtaufstrich nach Wahl
2 EL Kokosflocken
2 EL Pistazien

Zubereitung (ca. 15 Minuten)

Den Quinoa mit Wasser gründlich abspülen, um dessen Bitterstoffe zu entfernen. Den Quinoa nun in einem Topf mit Wasser und Kokosmilch bei mittlerer Hitze ca. 10 Minuten gar köcheln und mit Bourbon Vanille abschmecken. Das Quinoa-Porridge mit Pistazien, Kokosflocken und einem Klecks Fruchtaufstrich nach Wahl anrichten.

Nährwerte pro Person: Energie 798kcal, 87g Kohlenhydrate, davon Zucker 5g; 12g Ballaststoffe; 23g Proteine; 38g Fett
Zuckerersparnis: 10g

– Lunch –

Backgemüse mit Käse

Zutaten (für 2 Personen)

1 Aubergine
1 Zucchini
2 Hände voll Champignons
200g geriebener Käse
Paprikapulver
1 Stängel Rosmarin
etwas Olivenöl
etwas Xucker Tomatenketchup

Zubereitung (ca. 30 Minuten)

Den Ofen auf 180 Grad Ober- und Unterhitze vorheizen. Das Gemüse in fingerdicke Scheiben schneiden und auf ein Backblech legen. Den Rosmarin zupfen, fein zerhacken und zusammen mit dem Paprikapulver sowie etwas Olivenöl über das Gemüse verteilen. Anschließend den geriebenen Käse darüber verteilen. Das Gemüse für ca. 20 Minuten knusprig backen, bis der Käse goldbraun ist. Das Backgemüse mit etwas Xucker Tomatenketchup als Dip servieren.

Nährwerte pro Person: Energie 493kcal, 11g Kohlenhydrate, davon Zucker 10g; 10g Ballaststoffe; 35g Proteine; 32g Fett
Zuckerersparnis: 30 g

Rezept von Christian
Er arbeitet seit 2010 an einer
süßen Welt ohne Zucker.

– Dinner –

Gebackener Kürbis auf Salatbett

Zutaten (für 2 Personen)

1 Hokkaido Kürbis, entkernt und in Spalten geschnitten
Salz und Pfeffer
Rapsöl
1 Paket Feldsalat
1 kleine rote Zwiebel
2 Taler Ziegenfrischkäse
1 Birne
jeweils eine Hand voll Walnuss- und Kürbiskerne
jeweils ein EL Xucker Premium und Xucker Bronxe
Essig und Öl zum Abschmecken

Zubereitung (ca. 20 Minuten)

Den Ofen auf 180°C vorheizen. Den Kürbis mit etwas
Öl einreiben, salzen, pfeffern und für 25–30 Minuten
backen. In der Zwischenzeit die Kerne karamellisieren.
Dafür beide Xucker in einer Pfanne schmelzen. Die
Mischung wird dabei eingedickt und sehr heiß. Doch
Vorsicht, nicht zu lange erhitzen, da es zu Qualmbil-
dung kommen kann. Nun die Pfanne vom Herd nehmen
und abkühlen lassen. Die Kerne erst dann hineingeben
und schwenken. Auf ein Stück Backpapier geben und
erkalten lassen. Jetzt den Salat waschen, auf 2 Teller
verteilen und mit Kürbis, Birne, Kernen und dem
Ziegenkäse anrichten. Nach Belieben mit etwas Essig
und Öl beträufeln.

Nährwerte pro Person: Energie 346 kcal, 19,4 g Kohlenhydrate,
davon Zucker 8,6 g; 4,4 g Ballaststoffe; 11,6 g Proteine; 22 g Fett
Zuckerersparnis: 3 g

– Breakfast –

Kokos-Pancakes mit Pistaziencreme

Zutaten (für 2 Personen)

1 Bio Ei
1 Banane
5 EL Kokosmehl
etwas Bourbon Vanille
1 TL Backpulver
1 TL Flohsamenschalen
ungesüßte Hafermilch
1 TL Kokosöl
Xucker Pistazien-Kokos-Creme
1 Handvoll frische Früchte nach Wahl

Zubereitung (ca. 20 Minuten)

Die Banane pürieren. Ei, Kokosmehl, Bourbon Vanille, Flohsamenschalen und Backpulver untermixen und mit Hafermilch verdünnen. Werden dickere Pancakes bevorzugt, sollte weniger Milch zum Einsatz kommen. Zum Ausbacken etwas Kokosöl in der Pfanne erhitzen und den Teig von beiden Seiten bei mittlerer Hitze für 3–4 Minuten ausbacken. Die Pfannkuchen mit Pistazien-Kokos-Creme und Früchten anrichten.

Nährwerte pro Person: Energie 176 kcal, 21g Kohlenhydrate, davon Zucker 13g; 6g Ballaststoffe; 6g Proteine; 7g Fett
Zuckerersparnis: 27g

– Lunch –

Rote Beete-Mandel-Salat mit Halloumi

Zutaten (für 2 Personen)

2 Knollen vorgekochte Rote Beete
2 Hände voll Rucola
1 Dose (400g) Kichererbsen, abgegossen
2 TL Rapskernöl
50g Mandelblätter
100g Soja-Naturjoghurt
1 TL zuckerfreier Senf
2 Portionen Bio Halloumi-Käse
etwas Olivenöl

Zubereitung (ca. 15 Minuten)

Die Rote Beete in Würfel schneiden und mit Kichererbsen vermengen. Nun ein Dressing aus Joghurt, Senf, Rapskernöl, Salz und Pfeffer anrühren und zu der Rote Beete-Kichererbsen-Mischung geben. Die Mandelblätter bei mittlerer Hitze in der Pfanne ohne Öl goldbraun rösten. Mit etwas Olivenöl die Halloumi-Scheiben in der Pfanne oder im Kontaktgrill kurz anbraten. Erst vor dem Servieren den Rucola und die Mandelblätter unter den Rote Beete-Kichererbsen-Salat heben.

Nährwerte pro Person: Energie 675 kcal, 35g Kohlenhydrate, davon Zucker 16g; 12g Ballaststoffe; 37g Proteine; 41g Fett
Zuckerersparnis: 5g

Blumenkohl-Vollkornreis-Puffer mit gebackenen Karotten und grünem Spargel

Zutaten (für 2 Personen)

3 Hände voll Blumenkohlröschen
120g Vollkornreis, gekocht
60g Bio Cheddar
ca. 3 TL Bio Hartkäse wie Parmesan
4 EL Haferflocken
3 Bio Eier
1 Bund Schnittlauch
2 Möhren
½ Bund (250g) grüner Spargel
1 Knoblauchzehe
3 TL Olivenöl
1 TL Kokosöl
Xucker Tomatenketchup
etwas Sojajoghurt

Zubereitung (ca. 45 Minuten)

Den Ofen auf 180 Grad Ober- und Unterhitze vorheizen. Den Reis nach Packungsanleitung gar kochen und anschließend in den Kühlschrank stellen. Den grünen Spargel von seinen holzigen Enden befreien und die Möhren in Sticks schneiden. Spargel und Möhren-Sticks in einer kleinen Auflaufform mit etwas Olivenöl und einer klein gehackten Knoblauchzehe durchmengen und mit etwas Parmesan oder anderem Hartkäse bestreuen. Das Gemüse für etwa 30 Minuten im Ofen gar backen. Die Blumenkohlröschen im Mixer zu Reisgröße verarbeiten. Anschließend die Haferflocken zermahlen und zu dem Blumenkohl geben. Den abgekühlten Reis und Cheddar unterrühren. Anschließend den Schnittlauch fein schneiden und zusammen mit den Eiern unterrühren. Alles gut mit Salz und Pfeffer würzen und die Masse für eine halbe Stunde in den Kühlschrank stellen, bevor gleichgroße Puffer mit angefeuchteten Händen daraus geformt werden.

Die Puffer anschließend von beiden Seiten mit etwas Kokosöl für je ca. 4 Minuten bei mittlerer bis starker Hitze in der Pfanne knusprig anbraten. Die Blumenkohl-Vollkornreis-Puffer mit dem Gemüse und etwas Joghurt sowie Xucker Tomatenketchup servieren.

Nährwerte pro Person: Energie 556kcal, 52g Kohlenhydrate, davon Zucker 7g; 6g Ballaststoffe; 25g Proteine; 26g Fett
Zuckerersparnis: 6g

20.TAG

Wochen-highlight

– Bloggerspecial –

Valentina Volcich
www.valentinaballerina.com

Pfannkuchen mit Lucuma-Vanille Geschmack

Zutaten (für 2 Personen)

90g Haferflocken
20g Kokosmehl
1 TL Backpulver
180ml griechischer Bio Joghurt
2 Bio Eier
2 TL Lucuma
etwas Bourbon Vanille
1 TL Kokosöl
Heidelbeeren und Xucker Schoko-Drops für das Topping

Zubereitung (ca. 20 Minuten)

Zunächst die Eier mit dem Joghurt und der Bourbon Vanille vermengen. In einer separaten Schüssel die trockenen Zutaten vermischen. Dann die restlichen Zutaten vermengen, wodurch sich eine etwas festere Teigmasse ergeben sollte. In einer großen Pfanne ca. 1 Teelöffel Kokosöl zum Schmelzen bringen. Mit einem großen Suppenlöffel den Teig in der Pfanne bei mittlerer Hitze heraus braten. Nach ca. 1 Minute sollten die Pancakes gewendet werden. Getoppt werden die Pancakes mit einigen Xucker Schoko-Drops, die in der Mikrowelle oder dem Wasserbad zu einer Schokoglasur geschmolzen werden. Dazu gibt's frische Heidelbeeren.

Nährwerte pro Person: Energie 476kcal, 40g Kohlenhydrate, davon Zucker 9g; 11g Ballaststoffe; 20g Proteine; 26g Fett
Zuckerersparnis: 29 g

Frühlingsgemüse mit Süßkartoffeln und Garnelen

Zutaten (für 2 Personen)

1 kleine Süßkartoffel
250g grüner Spargel
250g Champignons
500g frischer Spinat
100g Bio Großgarnelen
etwas Zitronensaft
etwas Öl

Zubereitung (ca. 40 Minuten)

Den Backofen auf 180 Grad Ober- und Unterhitze vorheizen. Die Süßkartoffel gut abwaschen und in Scheiben schneiden. Die Kartoffelscheiben mit Öl, Salz und Pfeffer marinieren und anschließend für 30 Minuten in den Backofen geben. Währenddessen das restliche Gemüse waschen. Beim Spargel ca. 2 Zentimeter vom holzigen Ende entfernen und die Champignons in Scheiben schneiden. Dann den frischen Spinat in die Pfanne geben und bei großer Hitze anbraten. Danach das restliche Gemüse beifügen, mit Salz und Pfeffer würzen und garen lassen. Die Garnelen mit etwas Zitronensaft, Salz und Pfeffer beträufeln und anschließend in einer Pfanne von beiden Seiten jeweils 2 Minuten anbraten. Das Gemüse mit den Garnelen auf einen Teller geben und die knusprigen Kartoffelchips hinzufügen.

Nährwerte pro Person: Energie 244kcal, 26g Kohlenhydrate, davon Zucker 10g; 7g Ballaststoffe; 23g Proteine; 3g Fett
Zuckerersparnis: 5g

Leichter Sommersalat mit einem Kräuter Quark Dip

Zutaten (für 2 Personen)

2 kleine Zucchini
2 Fenchelknolle
200g Erdbeeren
250g Champignons
100g Stangensellerie
200g frischer Spinat
200g Bio Quark
italienische Kräuter
2 Knoblauchzehen

Zubereitung (ca. 20 Minuten)

Das Gemüse waschen und in kleine Scheiben schneiden. In einer heißen Pfanne zunächst die Zucchini, den Fenchel und den Stangensellerie anbraten. Dann die Champignons hinzufügen und kurz garen lassen. Alles mit Salz und Pfeffer etwas würzen. In eine Schüssel den frischen, gewaschenen Spinat mit den geschnittenen Erdbeeren und das gebratene Gemüse hinzugeben.
Für den Kräuter Quark Dip den Quark mit 1 EL Wasser cremig rühren und mit den italienischen Kräutern und Knoblauch verfeinern.

Nährwerte pro Person: Energie 307kcal, 25g Kohlenhydrate, davon Zucker 18g; 13g Ballaststoffe; 28g Proteine; 8g Fett
Zuckerersparnis: 9g

21. TAG

Wochen-highlight

– Bloggerspecial –

Sarah Golbaz
www.feastfeast.de

Britische Rhabarber-Scones mit Kokoscreme

Zutaten (für 4 Personen)

50g Rhabarber
etwas Bourbon Vanille
125g Vollkornreismehl
50g Kokosmehl
50g Tapiokastärke
½ TL Natron
½ TL Backpulver
½ TL Salz
50g Kokosöl
2 EL Xucker Pistazien-Kokos-Creme
125g Bio Quark
½ Dose (200 ml) Kokosmilch

Zubereitung (ca. 50 Minuten)

Die Kokosmilch in den Kühlschrank stellen. Den Back-ofen auf 175 Grad Ober- und Unterhitze vorheizen und ein Backblech mit Backpapier auslegen. Nun den Rhabarber putzen und in kleine Stücke schneiden. Mit Bourbon Vanille bestreuen und beiseite stellen. Mehl, Stärke, Backpulver, Natron und Salz in einer großen Schüssel gut miteinander vermischen. Das Kokosöl in kleinen Stücken darauf geben und mit einem Teig-schaber oder den Fingerspitzen in die Mehlmischung einarbeiten. Es sollte eine krümelige Konsistenz ent-stehen. Den Quark mit Xucker Pistazien-Kokos-Creme verrühren und das ganze in den Teig einarbeiten. Den Teig nicht zu lange kneten, sondern nur bis er streu-selig wird. Den Rhabarber unterkneten. Den Teig auf eine leicht bemehlte Arbeitsfläche legen und zu einem quadratischen Block formen. Den Teig nun 5 cm dick ausrollen und in 4 gleichgroße Stücke schneiden. Die Scones versetzt und mit ausreichend Abstand zuei-nander auf das Backblech setzen. Etwa 25–30 Minuten im unteren Drittel des Ofens backen, bis die Scones leicht gebräunt sind. Die kalte Kokosmilch trennen und nur das feste Fett etwa 2 Minuten steif schlagen und nach Belieben süßen. Die Scones vom Blech nehmen, auf ein Kuchengitter setzen und lauwarm mit Kokos-creme servieren.

Nährwerte pro Person: Energie 908kcal, 82g Kohlenhydrate, davon Zucker 10g; 15g Ballaststoffe; 16g Proteine; 54g Fett
Zuckerersparnis: 65g

Zucchini-Puffer im Salatblatt mit Avocado-Salsa

Zutaten (für 2 Personen)

1 mittelgroße Zucchini
100g Vollkorn-Couscous
80g Bio Feta-Käse
1 kleines Bio Eigelb
½ EL Kreuzkümmel
1/4 Bund Petersilie
1/4 Bund Minze
½ Avocado
100g Cocktailtomaten
etwas Kokosöl
½ Eisbergsalat
200ml Wasser

Zubereitung (ca. 25 Minuten)

Den Couscous mit 200ml kochendem Wasser und einem halben Teelöffel Salz in einem Topf überbrühen und ca. 10 Minuten mit Deckel quellen lassen. In der Zwischenzeit die Zucchini raspeln und salzen, ein paar Minuten ziehen lassen und in einem Geschirr- oder Leinentuch auswringen. Feta zerbröseln. Minze und Petersilie waschen, trocken tupfen und fein hacken. Couscous, Zucchini, Eigelb, Feta, Kreuzkümmel in einer großen Schüssel zu einer klebrigen Masse vermengen und gleichgroße Puffer formen. Eine Pfanne mit etwas Öl erhitzen und die Zucchinipuffer darin bei niedriger Hitze von jeder Seite ca. 5 Minuten ausbacken. Für die Salsa, Avocado und Tomaten fein würfeln und mit Salz und Pfeffer abschmecken. 4 Salatblätter waschen. Jeweils zwei Blätter zusammenlegen und die Puffer darin anrichten. Mit der Salsa garnieren und servieren.

Nährwerte pro Person: Energie 394kcal, 36g Kohlenhydrate, davon Zucker 4g; 2g Ballaststoffe 2g; 18g Proteine; 18g Fett
Zuckerersparnis: 6g

Kurkuma-Pfannkuchen mit Karottensalat

Zutaten (für 2 Personen)

100g Vollkornreismehl
75ml Kokosmilch
75ml Wasser
½ TL Salz
½ TL Kurkuma
1 kleines Bio Ei
½ Bund Frühlingszwiebeln, in groben Stücken
½ Bund Bärlauch, in groben Stücken
2 Karotten, geraspelt
½ Zitrone, etwas Sojasauce und Sesamöl
1 Handvoll Kräuter wie Minze, Thaibasilikum oder Shiso

Zubereitung (ca. 40 Minuten)

Reismehl, Ei, Kokosmilch, Wasser, Salz und Kurkuma verquirlen. 30 Minuten kaltstellen. Die Karotten mit Zitronensaft und Sojasauce würzen. Den Pfannkuchenteig mit Bärlauch und der Hälfte der Frühlingszwiebeln vermischen. Eine beschichtete Pfanne mit etwas Sesamöl stark erhitzen. Je eine Kelle Teig hineingeben und bei mittlerer Hitze beidseitig ca. 3 Minuten ausbacken. Mit Karottensalat, Frühlingszwiebeln und Kräutern garnieren.

Nährwerte pro Person: Energie 343kcal, 40g Kohlenhydrate, davon Zucker 6g; 10g Ballaststoffe; 13g Proteine; 12g Fett
Zuckerersparnis: 6g

Erdbeeren in Kokos-Orangenblütenwasser

Zutaten (für 2 Personen)

250g Erdbeeren
etwas Bourbon Vanille
1 ½ EL Kokoswasser
1 EL Orangenblütenwasser
1 EL Xucker Weiße Schoko-Drops oder Xucker Weiße Schokolade
½ Limette
Zitronenmelisse

Zubereitung (ca. 10 Minuten)

Orangenblütenwasser, Kokoswasser und Bourbon Vanille verrühren. Die Erdbeeren vierteln und zum Orangenwasser dazugeben. Mit Limettensaft abschmecken, auf Schälchen verteilen und mit den Xucker Weiße Schoko-Drops und Zitronenmelisse garnieren.

Nährwerte pro Person: Energie 85kcal, 12g Kohlenhydrate, davon Zucker 10g; 2g Ballaststoffe; 1g Proteine; 3g Fett
Zuckerersparnis: 7g

Woche 4 – Endlich zuckerfrei

Wir hoffen, dass wir dir auch die dritte Woche deiner Xucker Challenge geschmackvoll gestalten konnten und du dich bereits auf die vierte Woche freust. Die letzte Woche deiner Challenge besteht nicht aus sieben, sondern aus neun Tagen. Deshalb sparst du auch ein paar mehr Zuckerwürfel. Als Snack für diese Woche hat uns Stefanie Anich einen Black Forest Cheesecake kreiert, der bei dir für xuckersüße Momente sorgen wird. Du musst also auch weiterhin auf nichts verzichten. Hast du dennoch häufig einen starken Appetit auf Süßes? Wir haben ein paar Tricks, die dir dabei helfen können, dieses Gefühl zu überwinden:

1. Chai Tea oder Süßholztee: Verschiedene Tee-Sorten wie Chai Tea oder Kräutertee mit Süßholzanteil haben dank ihrer Gewürze ein intensives, liebliches Aroma. Wenn du davon ein bis zwei Tassen langsam trinkst, hast du ein warmes, sättigendes Gefühl im Bauch. So überwindest du die Stunden zwischen den Mahlzeiten oder wenn du einmal keine zuckerfreien Leckereien zur Hand hast.

2. Süße Düfte: Es ist praktisch, wenn du immer einen süß duftenden Lippenpflegestift in der Tasche hast oder eine Duftkerze an deinem Arbeitsplatz steht. Allein der Geruch betört deine Sinne und mindert die Lust auf Süßes.

3. Kaugummi kauen: Besonders in stressigen Situationen kann auch ein mit Xylit gesüßter Kaugummi dabei helfen, das Verlangen nach Zucker zu stillen. Er hilft dir jedoch nur, wenn du keinen Hunger, sondern nur Appetit hast. Sollte dein Magen leer sein und grummeln, ist es dementsprechend besser, eine richtige Mahlzeit zuzubereiten oder einen zuckerfreien Snack zu genießen.

4. Zähne putzen: Generell ist es besser nach dem Abendbrot nichts mehr zu essen, um dem Körper die Möglichkeit zur Regeneration zu geben. Noch dazu kann das Essen zu später Uhrzeit nur unzureichend verdaut werden und gärt daher im Magen. Wenn du es gewohnt bist am Abend zu naschen, dann putze am besten direkt nach dem Abendbrot die Zähne. So geht der Appetit schnell vorbei.

Viele unserer Rezepte sind im Sommer entstanden und enthalten dementsprechend saisonales Gemüse oder Obst. Solltest du die Xucker Challenge im Winter durchführen, kannst du Zutaten, die du zu diesem Zeitpunkt nicht bekommst, einfach ersetzen. Frische Beeren kannst du zum Beispiel durch tiefgefrorene Beeren ersetzen, die nicht gezuckert sind. Diese Früchte werden direkt nach der Ernte gereinigt und eingefroren. Dadurch verlieren sie sehr wenig Vitamine und Nährstoffe und versorgen dich daher auch im Winter noch wunderbar. Gemüse wie Rhabarber oder Spargel kannst du entweder auch durch Gefrorenes ersetzen oder durch andere Alternativen wie Kürbis, Kohlrabi, Topinambur oder Esskastanien, alles Herbst-Gemüse.

Zuckerersparnis

– Woche 4 –

514g
Zucker

171
Zuckerwürfel

– Snack –
Stefanies Black Forest Cheesecake

Zutaten (für 8 Stücken):
Für den Teig: 40 g Dinkelmehl, 20 g Backkakao,
40 g Xucker Light, 25 ml ungesüßte Hafermilch,
½ TL Backpulver, 1 Ei. **Für die Cheesecake Creme:** 250 g
Magerquark, 125 g Frischkäse, 1 Ei, 20 g ungesüßtes
Vanillepuddingpulver, 100 g frische Kirschen, 60 g
Xucker Light, Bourbon Vanille. **Für das Topping:**
1 Handvoll Xucker Schoko-Drops und Kirschen

Zubereitung (ca. 90 Minuten)
Den Ofen auf 150 Grad Ober- und Unterhitze
vorheizen. Alle Teig-Zutaten und etwas Bourbon Vanille
vermengen und in eine Springform geben. Den Teig 10
Minuten backen. Anschließend die Kirschen entkernen,
halbieren und auf dem Teig verteilen. Die restlichen
Zutaten cremig verrühren und über die Kirschen
geben. Für 1 Stunde backen. Als Topping Schoko-Drops
schmelzen und über den Kuchen verteilen. Mit Kirschen
garnieren.

Nährwerte pro Stück: Energie 135 kcal, 14g Kohlenhydrate,
davon Zucker 3g; 1,5g Ballaststoffe; 9g Proteine; 6g Fett
Zuckerersparnis: 19g

– Breakfast –

Korn-an-Korn-Brote mit Lachs und Spiegelei

Zutaten (für 2 Personen)
4 Vollkornbrot-Scheiben (Korn-an-Korn)
2 Scheiben Bio Emmentaler
2 Bio Eier
1/4 Salatgurke
2 Scheiben Räucherlachs (Wildfang oder Bio)
etwas Meerrettich/Kren, ungesüßt
etwas Bio Naturfrischkäse
etwas Xucker Tomatenketchup
etwas Schnittlauch, gehackt

Zubereitung (ca. 15 Minuten)
In eine leicht geölte Pfanne 2 Eier schlagen und bei mittlerer Hitze etwa 5 Minuten anbraten. Anschließend den Emmentaler über das Eigelb legen und die Pfanne mit Deckel wenige Minuten stehen lassen, bis der Käse geschmolzen ist. Das Spiegelei auf das Vollkornbrot geben und mit etwas Xucker Tomatenketchup besprenkeln. Die weiteren Vollkornbrote mit Naturfrischkäse, Meerrettich und Lachs belegen, mit Gurke und Schnittlauch garnieren.

Nährwerte pro Person: Energie 305 kcal, 17g Kohlenhydrate, davon Zucker 3g; 4g Ballaststoffe; 20g Proteine; 16g Fett
Zuckerersparnis: 3g

– Lunch –

Mexican Style Quinoa Bowl

Zutaten (für 2 Personen)
100g Quinoa
1 Knoblauchzehe, gehackt
1 Zwiebel, gehackt
1 Dose (400 g) Kidneybohnen
2 Hände voll Maiskörner (gefroren)
½ rote Chilischote, entkernt und fein gehackt
4–5 Tomaten
½ Bund Petersilie
100g Soja-Granulat
300ml Gemüsebrühe
2 Scheiben Bio Emmentaler, in Streifen geschnitten

Zubereitung (ca. 25 Minuten)
Den Quinoa nach Packungsanleitung zubereiten. Das Soja-Granulat in der Gemüsebrühe aufkochen. In einer Pfanne die Zwiebel glasig anschwitzen, bevor der Knoblauch dazu gegeben wird. Den Mais und die Kidneybohnen mitdünsten. Letztlich die Chili, die Tomaten und das verzehrfertige Soja-Granulat dazugeben. Den Quinoa zusammen mit dem Käse unter die Gemüse-Soja-Pfanne heben und mit Petersilie anrichten.

Nährwerte pro Person: Energie 731 kcal, 88g Kohlenhydrate, davon Zucker 6g; 12g Ballaststoffe; 44g Proteine; 20g Fett
Zuckerersparnis: 4g

Blumenkohl-Schnitzel mit Meerrettich-Möhren

Zutaten (für 2 Personen)

1 kleiner Blumenkohl
2 EL Sojasauce
2 EL Xucker Tomatenketchup
2 EL Xucker Light
1 TL Weißweinessig
1 Bio Ei
150g Vollkornreis
400ml Gemüsebrühe
4 Möhren, gewürfelt
2 TL Meerrettich/Kren, ungesüßt
100g Bio Naturfrischkäse

Zubereitung (ca. 20 Minuten)

Den Backofen auf 180°C Ober- und Unterhitze vorheizen. Anschließend den Vollkornreis mit der Gemüsebrühe aufsetzen und köcheln, bis er verzehrfertig ist. Den Blumenkohl waschen und in fingerdicke Scheiben schneiden. Sojasauce, Ketchup, Xucker, Essig und das Ei verquirlen, die Schnitzel durch die Marinade ziehen und sie anschließend für etwa 15 Minuten goldbraun backen. Für die Möhren das Öl in einer Pfanne erhitzen. Die Karotten darin sautieren und bis zur gewünschten Bissfestigkeit garen. Zuletzt den Meerrettich mit dem Frischkäse zu einer Creme anrühren. Alles auf 2 Tellern anrichten.

Nährwerte pro Person: Energie 487kcal, 68g Kohlenhydrate, davon Zucker 15g; 11g Ballaststoffe; 19g Proteine; 14g Fett
Zuckerersparnis: 6g

– Breakfast –

Vanille-Oatmeal mit Erdbeer-Rhabarber-Kompott

Zutaten (für 2 Personen)

100g Haferflocken
200ml Wasser
200ml ungesüßte Hafermilch
etwas Bourbon Vanille
2 EL Xucker Light
2 Stangen Rhabarber
4 Hände voll Erdbeeren
150 g Bio Frischkäse
2 EL Puderxucker
etwas Zitronensaft

Zubereitung (ca. 20 Minuten)

Das Vanille-Oatmeal aus den Haferflocken, Wasser, Xucker Light, Mandelmilch und etwas Bourbon Vanille bei mittlerer Hitze auf dem Herd aufkochen lassen und zubereiten. Den Rhabarber putzen und in daumendicke Stücke schneiden. Die Erdbeeren waschen, trocken tupfen und in kleine Stücke würfeln. Das Obst in einem Topf für zehn Minuten köcheln lassen und bei Bedarf mit etwas Puderxucker süßen. In einer Schüssel die Cheesecake-Cream aus Frischkäse, Puderxucker, Bourbon Vanille und etwas Zitronensaft anrühren. Das Oatmeal auf zwei Schalen verteilen und mit dem Erdbeer-Rhabarber-Kompott und der Cheesecake-Cream servieren.

Nährwerte pro Person: Energie 309kcal, 37g Kohlenhydrate, davon Zucker 2g; 6g Ballaststoffe; 13g Proteine; 12g Fett
Zuckerersparnis: 68g

Spaghetti mit Spinat-Feta-Sauce

Zutaten (für 2 Personen)

150g Dinkelvollkorn-Spaghetti
50ml Natur-Sojajoghurt
2 Knoblauchzehen, gewürfelt
2 EL Olivenöl
1 Zwiebel, gewürfelt
200g Spinat (gefroren)
Chiliflocken, Muskat
100ml Gemüsebrühe
100g Bio Feta-Käse, gewürfelt
2 Tomaten, gewürfelt

Zubereitung (ca. 20 Minuten)

Die Vollkorn-Spaghetti nach Packungsanweisung zubereiten. In einem Topf die Zwiebel und Knoblauchzehe bei mittlerer Hitze glasig braten, bevor Spinat und Gemüsebrühe hinzugegeben wird. Alles aufkochen lassen und die Tomaten dazugeben, die 3 Minuten mitgedünstet werden. Den Spinat mit Salz, Pfeffer, Muskat und Chili-Flocken würzen und etwas abkühlen lassen. Nun den Joghurt und die Feta-Würfel unter die Spinat-Sauce heben.

Nährwerte pro Person: Energie 535kcal, 55g Kohlenhydrate, davon Zucker 8g; 12g Ballaststoffe; 23g Proteine; 21g Fett
Zuckerersparnis: 6g

Lachs mit Mango-Salsa

Zutaten (für 2 Personen)

2 Portionen frischer Lachs (Wildfang oder Bio)
½ Mango
2 Tomaten
1 rote Chilischote
1 El Xucker Light
2 Schalotten, gewürfelt
Cumin, Kurkuma
½ Bund Koriander
Saft einer Limette
Salz und Pfeffer

Zubereitung (ca. 20 Minuten)

Den Lachs von beiden Seiten in der Pfanne scharf anbraten und bei mittlerer Hitze je nach Dicke ca. 10–12 Minuten durchbraten. Die Mango, Chilischote und Tomaten entkernen und in kleine Würfel schneiden, zusammen mit Schalotten und Xucker in einer Schale gut durchmischen. Den Koriander zupfen und unterheben. Die Salsa mit Limettensaft, Cumin, Kurkuma, Salz und Pfeffer kräftig würzen.

Nährwerte pro Person: Energie 338kcal, 18g Kohlenhydrate, davon Zucker 17g; 2g Ballaststoffe; 46g Proteine; 8g Fett
Zuckerersparnis: 3g

– Breakfast –

Guten-Morgen-Salat

Zutaten (für 2 Personen)
1 Chicorée
2 Hände voll frische Ananas
1 Grapefruit, in Stücken
2 EL Leinsamen
2 EL Leinöl
2 EL Walnüsse, gehackt
etwas Xucker Light

Zubereitung (ca. 10 Minuten)
Den Chicorée waschen und in mundgerechte Stücke hacken. Anschließend die Ananas und Grapefruit schälen und in gleichgroße Würfel schneiden. Nun den Salat mit den Früchten, Leinsamen und gehackten Walnüssen in einer großen Schale vermengen und mit Leinöl und Xucker Light abschmecken.

Nährwerte pro Person: Energie 282kcal, 14g Kohlenhydrate, davon Zucker 13g; 10g Ballaststoffe; 7g Proteine; 20g Fett
Zuckerersparnis: 23g

– Lunch –

Salat mit Hüttenkäse und Seelachs

Zutaten (für 2 Personen)
2 Seelachsfilets (Wildfang oder Bio)
6 große braune Champignons
1 kleine Zucchini, gewürfelt
4 Hände voll Rucola
1 Avocado, gewürfelt
2 Tomaten, gewürfelt
1 Becher (ca. 200g) Bio Hüttenkäse
2 EL Leinöl
Liebstöckel oder Basilikum

Zubereitung (ca. 15 Minuten)
Die Champignons putzen und in Scheiben schneiden. Die Zucchini waschen und würfeln. Anschließend die Seelachsfilets zusammen mit den Champignons und der Zucchini in einer großen Pfanne anbraten und etwas salzen. Den Rucolasalat waschen, trocken schleudern und auf zwei Tellern verteilen. Die restlichen Zutaten darüber verteilen, mit Leinöl, Liebstöckel bzw. Basilikum, sowie Salz und Pfeffer würzen.

Nährwerte pro Person: Energie 595kcal, 12g Kohlenhydrate, davon Zucker 10g; 8g Ballaststoffe; 65g Proteine; 30g Fett
Zuckerersparnis: 8g

Rezept von Annette
Sie sorgt als Einkäuferin stets
für volle Xucker-Regale.

– Dinner –

Avocadohummus mit Petersiliensalat und gegrilltem Halloumi

Zutaten (für 2 Personen)

1 Avocado
250g Kichererbsen
3 Knoblauchzehen, gepresst
Olivenöl
2 Tomaten
1 Zwiebel
2 Bund glatte Petersilie
½ Bund Minze
1 Bio Zitrone
½ TL Xucker Light
Koriandersamen
2 Scheiben Bio Halloumi

Zubereitung (ca. 15 Minuten)

Für den Avocadohummus die Avocado mit Kichererbsen pürieren, mit 2 gepressten Knoblauchzehen, Olivenöl, etwas Zitronensaft und Salz abschmecken. Für den Petersiliensalat die Tomaten, Zwiebel, Petersilie und Minze fein hacken und mit Zitronensaft, Salz, Pfeffer, Koriandersamen, Xucker Light und Knoblauch abschmecken. Den Halloumi im Kontaktgrill oder in der Pfanne kurz bei mittlerer Hitze anbraten und zu dem Salat und dem Avocadohummus servieren.

Nährwerte pro Person: Energie 615kcal, 19g Kohlenhydrate, davon Zucker 7g; 13g Ballaststoffe; 32g Proteine; 43g Fett
Zuckerersparnis: 6g

– Breakfast –
Latte Macchiato Chia-Pudding

Zutaten (für 2 Personen)
400ml Hafermilch
200ml Espresso
2 EL Xucker Light
5 EL Chiasamen
4 TL Xucker Schoko-Drops

Zubereitung (ca. 15 Minuten + 1 Nacht)
In einer Schale 300ml Hafermilch mit dem frischen Espresso vermischen und die Chiasamen unterrühren. Die Masse über Nacht ziehen lassen und in der ersten halben Stunde immer wieder umrühren. Am Morgen den Chiapudding in zwei Gläser füllen ca. 100ml Hafermilch oder ungesüßte Sojamilch mit Xucker Light zu Milchschaum aufschlagen, der schließlich über die Chiasamen angerichtet wird. Mit den Xucker Schoko-Drops servieren.

Nährwerte pro Person: Energie 378kcal, 14g Kohlenhydrate, davon Zucker 8g; 20g Ballaststoffe; 14g Proteine; 24g Fett
Zuckerersparnis: 28g

Rucola-Kartoffel-Salat mit Räucherlachs

Zutaten (für 2 Personen)

4 Hände voll Rucola
250g Frühlingskartoffeln
200g Bio Feta-Käse
250g Räucherlachs (Wildfang oder Bio)
Saft einer halben Zitrone
½ Bund Dill
2 Schalotten, in Scheiben
Olivenöl
½ rote Chilischote, gehackt

Zubereitung (ca. 20 Minuten)

Die Frühlingskartoffeln in Salzwasser gar kochen, abkühlen lassen und vierteln. In einer großen Schale mit Zitronensaft, Öl, Dill, Chili, Salz und Pfeffer marinieren. Anschließend den Feta Käse würfeln und den Räucherlachs in Streifen schneiden. Alle Zutaten unter den Rucola-Salat heben und mit Olivenöl und Zitronensaft abschmecken.

Nährwerte pro Person: Energie 636kcal, 26g Kohlenhydrate, davon Zucker 3g; 5g Ballaststoffe; 52g Proteine; 36g Fett
Zuckerersparnis: 31g

– Dinner –

Rustikale Bohnensuppe

Zutaten (für 2 Personen)

4 Hände voll Brokkoliröschen
2 Dosen (ca. 800g) weiße Bohnen
1 Selleriestange, gewürfelt
2 Möhren, gewürfelt
4 Schalotten, gewürfelt
2 Knoblauchzehen, gewürfelt
Bohnenkraut
300ml Gemüsebrühe
200g Tofu, z.B. Erdnusstofu, gewürfelt

Zubereitung (ca. 25 Minuten)

In einem Topf die Zwiebeln und den Knoblauch bei mittlerer Hitze anbraten, Sellerie und Möhren dazugeben und 12–15 Minuten garen. Anschließend Brokkoli und Gemüsebrühe hinzufügen und für ein paar Minuten köcheln lassen, bevor die weißen Bohnen dazugegeben werden. Mit Bohnenkraut, Salz und Pfeffer abschmecken. In einer Pfanne den Tofu scharf anbraten und zu der Suppe servieren.

Nährwerte pro Person: Energie 424kcal, 48g Kohlenhydrate, davon Zucker 15g; 15g Ballaststoffe; 28g Proteine; 10g Fett
Zuckerersparnis: 6g

– Breakfast –

Nuss-Tartelettes mit Xucker Fruchtaufstrich

Zutaten (für 2 Personen)

100g Haferflocken
10g Mandeln
20g Walnüsse
4 EL Walnüsse extra
1 EL Leinsamen
1 EL Sonnenblumenkerne
1 EL Kokosraspeln
1 EL Kokosöl
2 EL Xucker Bronxe
etwas Sojajoghurt
4 EL Xucker Fruchtaufstrich nach Wahl

Zubereitung (ca. 45 Minuten)

Den Ofen auf 180 Grad Ober- und Unterhitze vorheizen. Haferflocken, Mandeln, Walnüsse, Leinsamen, Sonnenblumenkerne und Kokosraspeln im Mixer mahlen. Xucker Bronxe mit dem Kokosöl bei mittlerer Hitze verflüssigen. Die Xucker-Öl-Mischung zu der Hafer-Nuss-Mischung geben und alles gut mischen. Die Masse in 4 Tartelettformen geben und gut andrücken. Sollte die Mischung noch zu heiß sein, die Hände mit Küchentüchern und Backpapier schützen. Die Tartelettes nun für ca. 10 Minuten in den Ofen geben und goldbraun backen, anschließend im Kühlschrank eine halbe Stunde abkühlen. Die Tartelettes mit Joghurt, Xucker Fruchtaufstrich und Walnüssen dekorieren.

Nährwerte pro Person: Energie 350kcal, 39g Kohlenhydrate, davon Zucker 4g; 8g Ballaststoffe; 9g Proteine; 17g Fett
Zuckerersparnis: 84g

– Lunch –

Quinoa-Salat mit Feta und Rote Beete

Zutaten (für 2 Personen)

100g Quinoa
2 Hände voll Walnüsse, gehackt
2 EL Sonnenblumenkerne und Leinsamen
½ Bund Petersilie und Minze, gehackt
200g gekochte Rote Beete, gewürfelt
50g Bio Feta-Käse, gewürfelt
Saft einer halben Zitrone

Zubereitung (ca. 20 Minuten)

Den Quinoa nach Packungsanweisung gar kochen. Nüsse, Sonnenblumenkerne und Leinsamen kurz in der Pfanne ohne Öl bei mittlerer Hitze rösten. Alle Zutaten vermengen und mit Zitronensaft, Salz und Pfeffer abschmecken.

Nährwerte pro Person: Energie 535kcal, 45g Kohlenhydrate, davon Zucker 10g; 7g Ballaststoffe; 19g Proteine; 29g Fett
Zuckerersparnis: 12g

Rezept von Juliane
Sie achtet bei Xucker auf die
kreative, stilsichere Gestaltung.

– Dinner –

Chicorée-Salat

Zutaten (für 2 Personen)

2 Chicorées
2 Schalotten, in Ringe geschnitten
1 Orange, gewürfelt
4 EL gehackte Mandeln
150g würziger Bio Hartkäse nach Wahl, gewürfelt
Saft einer Limette
1 EL Xucker Light
Salz und Pfeffer

Zubereitung (ca. 15 Minuten)

Den Chicorée waschen und in dünne Scheiben schnei-
den, in eine Schale geben und mit dem Saft einer
Limette, Xucker Light, Salz und Pfeffer abschmecken.
Schalotten-Ringe und Orangen-Würfel unter den Chi-
corée heben und mit Salz und Pfeffer würzen. Mit
Hartkäse-Würfeln und gehackten Mandeln servieren.

Nährwerte pro Person: Energie 435 kcal, 14g Kohlenhydrate,
davon Zucker 13g; 4g Ballaststoffe; 28g Proteine; 28g Fett
Zuckerersparnis: 17g

27. TAG

Wochen-highlight

– Bloggerspecial –

Ronja Pfuhl
www.foodnphoto.de

- Breakfast -

Schokoladenbrötchen mit Vanille-Blaubeer-Marmelade

Zutaten (für 3 Personen)

310g Dinkelvollkornmehl
1 Pck. Backpulver
1 Prise Salz
1 Ei
40g Kokosöl/Rapsöl
50g Xucker Premium
150g Quark
30ml Milch nach Wahl
40g Xucker Schoko-Drops
1 Eigelb
300g Blaubeeren
100g Gelierxucker 3:1
½ TL Vanille

Zubereitung (ca. 30 Minuten)

Für die Brötchen: Das Kokosöl schmelzen und mit Dinkelvollkornmehl, Backpulver, Ei, Salz, Xucker Premium, Quark, Milch und Xucker Schoko-Drops zu einem geschmeidigen Teig verkneten. Daraus 6 Brötchen formen und die Oberfläche leicht mit einem scharfen Messer einritzen. Die Brötchen mit Eigelb bepinseln. Nun für ca. 18 Minuten bei 180 Grad Umluft goldbraun backen.

Für die Vanille-Blaubeer-Marmelade: Die Blaubeeren kurz pürieren und mit den restlichen Zutaten in einen Topf geben. Unter Rühren aufkochen. Mindestens 3 Minuten köcheln lassen, anschließend direkt in ein ausgekochtes Glas füllen und verschließen.

Nährwerte pro Person: Energie 757kcal, 98g Kohlenhydrate, davon Zucker 9g; 14g Ballaststoffe; 24g Proteine; 30g Fett
Zuckerersparnis: 38g

Ofenkartoffeln gefüllt mit Kräuterquark und Champignons

Zutaten (für 2 Personen)

2 große Kartoffeln
200g Quark
2 Lauchzwiebeln
350g frische braune Champignons
Salz, Pfeffer
2 EL Kräutermischung
1 kleine Knoblauchzehe
Optional: etwas Feldsalat und ein paar Cherrytomaten

Zubereitung (ca. 70 Minuten)

Die Kartoffeln waschen und in Alufolie wickeln. Bei 200 Grad Umluft ca. 45–60 Minuten (je nach Größe der Kartoffeln) ausbacken. Die Knoblauchzehe in den Quark pressen, die Kräuter hinzugeben und mit Salz und Pfeffer abschmecken. Die Champignons putzen und halbieren. Die Lauchzwiebeln in feine Scheiben schneiden. In einer Pfanne etwas Olivenöl erhitzen. Die Champignons und die Hälfte der Lauchzwiebeln dazu geben. Kurz scharf anbraten und mit Salz und Pfeffer abschmecken. Die Kartoffeln nach dem Backen 5 Minuten abkühlen lassen. Anschließend aus der Alufolie entfernen und mit einem Messer einschneiden. Das Fruchtfleisch mit einer Gabel etwas zerdrücken. Die Kartoffel auf dem Salat mit den Tomaten anrichten und mit Kräuterquark, Champignons und Lauchzwiebeln füllen.

Nährwerte pro Person: Energie 374kcal, 52g Kohlenhydrate, davon Zucker 11g; 11g Ballaststoffe; 25g Proteine; 25g Fett
Zuckerersparnis: 9g

– Dinner –
Chili Sin Carne

Zutaten (für 2 Personen)

125g Sojagranulat
375ml Gemüsebrühe
2 Dosen gehackte Tomaten
1 Dose Kidneybohnen
1 Dose schwarze Bohnen
1 Dose Mais
1 rote Paprika
1 gelbe Paprika
1 Zucchini
1 Zwiebel
80g Tomatenmark
2 Knoblauchzehen
1 EL Paprikapulver
½ EL Salz
½ EL Chilipulver
½ EL Cayennepfeffer
2 EL Oregano
1 TL Pfeffer
1–2 EL Olivenöl

Zubereitung (ca. 40 Minuten)

Sojagranulat in der heißen Gemüsebrühe 15 Minuten lang aufquellen lassen. Paprika, Zucchini, Zwiebel und Knoblauch in kleine Stücke würfeln, Bohnen und Mais abtropfen lassen. In einem großen hohen Topf das Olivenöl erhitzen und die Zwiebel darin anschwitzen. Paprika, Zucchini und Knoblauch hinzufügen und kurz scharf anbraten. Das Sojagranulat in den Topf geben und für wenige Minuten mitbraten. Anschließend die gehackten Tomaten, Bohnen, Mais sowie das Tomatenmark dazugeben und gut verrühren. Alles kräftig würzen und ca. 20 Minuten köcheln lassen. Das Chili mit je einem Esslöffel griechischem Joghurt und frischen Kräutern servieren.

Nährwerte pro Person: Energie 798kcal, 77g Kohlenhydrate, davon Zucker 21g; 29g Ballaststoffe; 59g Proteine; 21g Fett
Zuckerersparnis: 9g

28.TAG

Wochen-highlight

– Bloggerspecial –

Stefanie Anich
www.stefaniegoldmarie.com

– Breakfast –

Blackberry Pancakes

Zutaten (für 2 Personen)
80g Dinkelvollkornmehl
40g Kokosmehl
30g Xucker Premium
250g Griechischer Bio Joghurt
2 Bio Eiklar
etwas Bourbon Vanille
100g Brombeeren
1 TL Backpulver
optional: eine Prise Zimt
1 TL Kokosöl für die Pfanne
2 Hände voll frische Beeren zum Dekorieren
etwas Puderxucker zum Dekorieren

Zubereitung (ca.20 Minuten)

Das Eiklar mit einem Handmixer aufschlagen und alle Zutaten, bis auf die Heidelbeeren, dazugeben. Die Mischung erneut zu einer homogenen Masse aufschlagen. Das Kokosöl bei mittlerer Hitze in der Pfanne erwärmen und die Pancakes ausbacken. Dafür ca. 1 großen EL Teig pro Pancake verwenden und für jeweils 2 Minuten von beiden Seiten anbraten. Letztlich die Pancakes mit frischen Beeren und Puderxucker toppen.

Nährwerte pro Person: Energie 504kcal, 54g Kohlenhydrate, davon Zucker 13g; 14g Ballaststoffe; 22g Proteine; 19g Fett
Zuckerersparnis: 12g

– Lunch –

Vanille-Kaiserschmarrn

Zutaten (für 2 Personen)

50g Dinkelvollkornmehl
4 Bio Eiklar
2 Bio Eigelbe
100ml Milch nach Wahl
2 EL Puderxucker
Bourbon Vanille
Zimt
1 TL Kokosöl
Toppings nach Belieben, z.B. frische Beeren
und griechischer Joghurt

Zubereitung (ca. 20 Minuten)

In einer Schüssel Mehl, Milch, Zimt und Vanille vermengen. In einer anderen Schüssel die Eiklar steif schlagen und den Xucker sowie das Eigelb nach und nach hinzugeben. Den Eischnee vorsichtig unter die Masse heben. In einer großen Pfanne etwas Kokosöl auf mittlerer Stufe erhitzen. Den ganzen Teig auf einmal hineingeben, sodass ein großer Pfannkuchen entsteht. Nach ca. 5-7 Minuten ist der Teig gestockt und Bläschen bilden sich. Mit Hilfe von zwei Pfannenwendern den Teig nun wenden und von der anderen Seite für ca. 2-3 Minuten backen. Den Pfannkuchen nun zerteilen und mit Puderxucker, griechischem Joghurt und anderen Toppings wie frischen Beeren servieren.

Nährwerte pro Person: Energie 303kcal, 23g Kohlenhydrate, davon Zucker 7g; 4g Ballaststoffe; 20g Proteine; 13g Fett
Zuckerersparnis: 32g

Spaghetti mit Spargel und Tofu

Zutaten (für 2 Personen)

160g Vollkornspaghetti
200g Xucker Tomatenketchup
300g Tomaten
200g Spargel
300g Tofu natur
1 TL Kokosöl für die Pfanne
viel frisches Basilikum
1 kleine rote Zwiebel
eventuell etwas Rucola
Italienisches Gewürz
Tomatenflocken

Zubereitung (ca. 20 Minuten)

Die Nudeln gemäß Packungsbeilage kochen. Die Zwiebel hacken und Tomaten und Spargel klein schneiden, den Tofu würfeln und mit den Gewürzen marinieren. In zwei Pfannen jeweils ganz wenig Öl erhitzen. In die Eine kommen Zwiebel und Spargel, in die Andere der Tofu. Alles gut für ca. 5 Minuten anrösten. Dann die Tomaten und Xucker Tomatenketchup, sowie frisches Basilikum und Gewürze dazu geben. Zu guter Letzt die Nudeln unterheben und mit etwas Rucola, viel Basilikum und dem Tofu servieren.

Nährwerte pro Person: Energie 505kcal, 63g Kohlenhydrate, davon Zucker 13g; 4g Ballaststoffe; 16g Proteine; 12g Fett
Zuckerersparnis: 10g

– Breakfast –

Coconut Oatmeal

Zutaten (für 2 Personen)
100g Haferflocken
200ml Kokosmilch aus der Dose
250ml Wasser
etwas Bourbon Vanille
2 EL Xucker Light
1 EL Kokosraspeln
2 Hände voll frisches Obst

Zubereitung (ca. 15 Minuten)
Das Oatmeal mit Kokosmilch und Wasser wie gewohnt zubereiten und mit Bourbon Vanille und Xucker Light süßen. Das Obst kleinschneiden und mit den Kokosflocken auf dem Oatmeal verteilen.

Nährwerte pro Person: Energie 505kcal, 63g Kohlenhydrate, davon Zucker 13g; 4g Ballaststoffe; 16g Proteine; 12g Fett
Zuckerersparnis: 47g

Rezept von Christin
Sie versorgt Xucker-Fans mit süßen Infos und Aktionen.

Halloumi-Garnelen-Spieße mit Guacamole

Zutaten (für 2 Personen)

250g Bio Halloumi, gewürfelt

2 Hände voll Brokkoliröschen

6 Bio Garnelen, geschält und vorgekocht

2 Hände voll Cherrytomaten

1 Avocado

2 Schalotten, gewürfelt

1 Knoblauchzehe, ausgepresst

Saft einer halben Zitrone und etwas Olivenöl

½ Bund Petersilie oder Koriander

4-6 Holzspieße

Zubereitung (ca. 20 Minuten)

Auf die Holzspieße Halloumi, Brokkoliröschen, Garnelen und Cherrytomaten stecken und mit Olivenöl besprenkeln. Den Spieß von beiden Seiten gut für 5-6 Minuten braten. Für die Guacamole die Avocado mit einer Gabel zerdrücken. Mit Schalotten, ausgepresster Knoblauchzehe, Zitronensaft, Salz und Pfeffer kräftig abschmecken. Frische Kräuter kurz vor dem Servieren zupfen und unterheben.

Nährwerte pro Person: Energie 677kcal, 13g Kohlenhydrate, davon Zucker 8g; 11g Ballaststoffe; 49g Proteine; 46g Fett
Zuckerersparnis: 4g

Ayurvedische Suppe

Zutaten (für 2 Personen)

25g getrocknete gelbe Schälerbsen

25g getrocknete Kichererbsen

jeweils 2 TL Paprika-Pulver, Kümmel und Senfkörner

jeweils 2 TL Kurkuma und Cumin

1 TL schwarze Pfefferkörner

3 Tomaten, gewürfelt

2 EL Tamarindenbaum-Paste

jeweils ½ Bund Petersilie und Minze, gezupft

Saft einer Zitrone

Shirataki/Konjak-Nudeln als Einlage nach Bedarf

500ml Wasser

Zubereitung (ca. 25 Minuten)

Die Schälerbsen und Kichererbsen im Mixer reisgroß hacken. Den Kümmel, die Pfefferkörner und Senfkörner in einer Pfanne bei mittlerer Hitze rösten, bis es duftet und anschließend mit den restlichen Gewürzen zermahlen. In einem großen Topf die Tomaten kurz in Öl bei mittlerer Hitze anschwitzen, Tamarinden-Paste, Zitronensaft und 500ml Wasser dazugeben, alles für 3 Minuten aufkochen lassen. Anschließend die Gewürzmischung dazugeben und für ca. 10 Minuten bei mittlerer Hitze köcheln, bevor die Shirataki-Nudeln, Petersilie und Minze hinzugegeben werden. Mit Salz abschmecken.

Nährwerte pro Person: Energie 254kcal, 34g Kohlenhydrate, davon Zucker 10g; 10g Ballaststoffe; 10g Proteine; 16g Fett
Zuckerersparnis: 6g

– Breakfast –

Nuss-Nougat Creme-Banana-Nut-Sandwiches

Zutaten (für 2 Personen)

8 kleine Scheiben Vollkorntoast
1 Banane, in Scheiben geschnitten
4 EL Xucker Nuss-Nougat Creme
4 TL Walnüsse, gehackt
Xucker Fruchtaufstrich nach Wahl

Zubereitung (ca. 15 Minuten)

Vier Vollkorntoast-Scheiben mit je einem Esslöffel Xucker Nuss-Nougat Creme bestreichen und mit den Bananenscheiben und gehackten Walnüssen belegen. Die anderen 4 Toasts wiederum mit Xucker Fruchtaufstrich bestreichen und damit die anderen Toasts zuklappen. Die Nuss-Nougat-Banana-Nut-Sandwiches im Sandwichtoaster oder dem Kontaktgrill erwärmen, bis der Toast goldbraun und knusprig ist.

Nährwerte pro Person: Energie 419kcal, 42g Kohlenhydrate, davon Zucker 13g; 10g Ballaststoffe; 11g Proteine; 23g Fett
Zuckerersparnis: 24g

– Lunch –

Shirataki-Nudel-Wok

Zutaten (für 2 Personen)

1 Packung Shirataki/Konjak-Nudeln nach Wahl
5 Handvoll Gemüse nach Wahl, klein geschnitten
2 Schalotten, gehackt
2 Knoblauchzehen, gehackt
4 EL Sojasauce
Chiliflocken
1 daumengroßes Stück Ingwer, geschält und gerieben
2 TL Xucker Bronxe
Mandelsplitter, geröstet

Zubereitung (ca. 25 Minuten)

In einem Wok oder einer großen Pfanne erst Knoblauch und Zwiebeln bei mittlerer Hitze wenige Minuten anschwitzen, dann das Gemüse dazugeben und 10 Minuten garen. Die Shirataki-Nudeln abspülen, zu dem Gemüse geben und kurz mitdünsten lassen. Ein Dressing aus Ingwer, Chili, Sojasauce und Xucker Bronxe anrühren und unter das Wok-Gemüse heben, sodass alles mit der Sauce benetzt ist. Den Shirataki-Nudel-Wok mit Mandelsplittern servieren.

Nährwerte pro Person: Energie 398kcal, 19g Kohlenhydrate, davon Zucker 12g; 17g Ballaststoffe; 21g Proteine; 22g Fett
Zuckerersparnis: 6g

Hähnchenbrust mit Spinatfüllung und Kichererbsenstampf

Zutaten (für 2 Personen)

2 Bio Hähnchenbrüste
150g TK Spinat, aufgetaut
100g Bio Feta-Käse, gehackt
50g Bio Naturfrischkäse
2 Knoblauchzehen, gehackt
1 Dose (400g) Kichererbsen
Olivenöl

Zubereitung (ca. 25 Minuten)

Die Hähnchenbrust waschen und mit Küchenpapier abtupfen, der Länge nach mittig einschneiden, salzen und pfeffern. In einer Schale den Spinat mit dem Feta und Frischkäse vermengen und mit einer Knoblauchzehe und etwas Pfeffer abschmecken. Die Füllung in die Hähnchenbrüste stopfen und die Brust bei Bedarf mit Holz-Zahnstochern fixieren. Die Hähnchenbrüste in einer Pfanne bei mittlerer Hitze für 12–14 Minuten durchgaren. In der Zeit in einem Topf die Kichererbsen samt Flüssigkeit ca. 3 Minuten aufkochen und mit einem Kartoffelstampfer pürieren, mit Knoblauch, Salz und Pfeffer abschmecken.

Nährwerte pro Person: Energie 473kcal, 23g Kohlenhydrate, davon Zucker 4g; 7g Ballaststoffe; 43g Proteine; 22g Fett
Zuckerersparnis: 12g

Und nach der Xucker Challenge?

Fantastisch, du hast es geschafft!
Deine 30 Tage Xucker Challenge ist gemeistert. Wie geht es dir? Ist es dir leicht gefallen auf Zucker zu verzichten oder hast du dir hier und da immer mal wieder eine zuckrige Süßigkeit gegönnt?

Wie bereits erwähnt, ist es unser Ziel, dass die Xucker Challenge für dich nicht nur eine kurzzeitige Aktion bleibt, sondern eine Ernährungsumstellung für dich wird. Eine bewusste Ernährung, die wenig Zucker und leere Kohlenhydrate aufweist, hilft dir nicht nur dabei schlank zu bleiben. Eine zuckerfreie Ernährung hat auch einen positiven Einfluss auf deinen Körper und deine geistige Verfassung. Sie hilft dir dabei Zivilisationskrankheiten vorzubeugen, die häufig mit voranschreitendem Alter entstehen, und Stresssituationen besser zu meistern.

Darüber hinaus bedeutet der Verzicht auf Zucker auch auf Alternativen zurückzugreifen, die oftmals viel nährstoffreicher und gesünder sind: Du verzichtest zwar auf Schokoriegel oder Sahnetorten, greifst stattdessen aber zu einem Apfel oder auf ein Oatmeal mit Nüssen zurück. Gleichzeitig haben wir dir in deiner 30 Tage Xucker Challenge auch gezeigt, dass du auf viele Genüsse wie einen Burger, Pancakes oder Kuchen nicht verzichten musst. Mit Xylit und Erythrit kannst du deine Speisen ohne schlechtes Gewissen weiterhin süßen, wenn dir danach ist. Da beide Zuckeralkohole die Insulinausschüttung kaum beeinflussen, können sie dich auch nicht wie andere Süßstoffe oder Zuckerprodukte süchtig machen. Sie befriedigen lediglich deinen gesunden Appetit auf Süßes und helfen dir dabei dich zuckerfrei zu ernähren.

Die letzten 30 Tage haben dich besonders für Lebensmittel sensibilisiert, die du ohne Bedenken essen kannst. Nutze die Rezeptvorschläge daher auch in Zukunft und wandle sie dir nach eigenem Geschmack ab. Wenn du neue Lebensmittel probieren möchtest, dann orientiere dich im Zweifelsfall an der glykämischen Last des Produktes. Im Internet findest du zahlreiche Tabellen, die dir dabei helfen. Hat das Produkt einen sehr hohen Wert, dann beinhaltet es viele leere Kohlenhydrate oder Zucker.

Beim Kauf von Fertigprodukten ist ebenfalls eine kritische Einschätzung wichtig. Zuckerfallen umgehst du leicht, wenn du dir die Zutatenliste durchliest und den Kohlenhydrat-Anteil erfasst. Enthält ein Produkt Zucker, Fruchtzucker, Stärke, Weißmehl, Sirup, Trockenfrüchte oder Süßstoffe wie Aspartam, Acesulfam-K oder Cyclamat, dann ist es ratsam das Produkt wieder wegzulegen. Süßstoffe haben zwar keine Kalorien, der Körper verstoffwechselt sie aber dennoch. Chemische Süßstoffe können den Körper stimulieren Fettgewebe anzulagern. Bei Zuckeraustauschstoffen wie Xylit und Erythrit ist dies nicht der Fall. Standhaftigkeit ist bei einer zuckerfreien Ernährung zwar sehr wichtig, du solltest dich jedoch niemals geißeln! Behalte stets im Hinterkopf, dass zu einem gesunden Körper auch immer ein glücklicher Mensch gehört. Daher solltest du dir

Glücklich

– ohne Zucker –

- ☐ zuckerhaltige Speisen und Getränke meiden
- ☐ auf Alternativen wie Datteln oder Agavendicksaft verzichten
- ☐ chemische Süßstoffe meiden
- ☐ bewusstes Süßen mit Xylit oder Erythrit
- ☐ bewusste Genussmomente schaffen statt auf bestimmte Gerichte oder Produkte zu verzichten
- ☐ Zutatenlisten überprüfen
- ☐ glykämische Last im Auge behalten

Ausnahmen gönnen. Wenn du dich grundlegend zuckerarm und bewusst ernährst, dann ist es für deinen Körper kein Problem auch mit mehr Kalorien, Zucker oder ungesunden Fetten ab und an klarzukommen. Wenn du in der Woche also ein bis zwei Mal im großen Schlaraffenland der Supermärkte und Schnellimbisse schwach wirst, dann ist das kein Problem. Wichtig ist, dass du dich selbst gut fühlst und mit deiner Ernährung glücklich bist. Ziel sollte es für dich sein, dass du selbstbestimmt entscheiden kannst, wann du zu den ungesünderen Alternativen greifst und wann du standhaft bleibst.

Quellenverzeichnis

1. WHO (2016): WHO calls on countries to reduce sugars intake among adults and children. Online verfügbar unter: http://www.who.int/mediacentre/news/releases/2015/sugar-guideline/en/

2. Yudkin, J. (1972): Pure, White and Deadly.; Zitiert in Leslie, I. (2016): Die Zucker-Verschwörung. in: Zeit Online; online verfügbar unter: http://www.zeit.de/wissen/gesundheit/2016-05/zucker-verschwoerung-ernaehrung-fett-uebergewicht

3. Bundesverband der deutschen Süßwarenindustrie e.V. (BDSI) (2017): Pro-Kopf-Verbrauch von Süßwaren 2016, online verfügbar unter: https://www.bdsi.de/fileadmin/redaktion/_processed_/csm_Pro-Kopf-Verbrauch_2016_korr_721a0d95b1.jpg

4. Statista (2016): Konsum von Zucker weltweit in den Jahren 2010/2011 bis 2015/2016 (in 1.000 Tonnen Rohwert); online verfügbar unter: https://de.statista.com/statistik/daten/studie/454321/umfrage/konsum-von-zucker-weltweit/

5. Deutsche Gesellschaft für Ernährung (DGE): 5 am Tag, online verfügbar unter: https://www.dge.de/ernaehrungspraxis/vollwertige-ernaehrung/5-am-tag/

6. Ericson, U. et al. (2012): High intakes of protein and processed meat associate with increased incidence of type 2 diabetes. Br. J. Nutr.; 2012 Aug. 1:1-11.

7. Deutsche Gesellschaft für Ernährung (DGE) (2011): Richtwerte für die Energiezufuhr aus Kohlenhydraten und Fett, online verfügbar unter: https://www.dge.de/fileadmin/public/doc/ws/position/DGE-Positionspapier-Richtwerte-Energiezufuhr-KH-und-Fett.pdf

8. CBIP/ BCFI (2011): REPERTOIRE COMMENTE DES MEDICAMENTS, online verfügbar unter: http://www.cbip.be/ggr_pdfs/GGR_FR_2011.pdf

9. Cosgrove, M. C. et al. (2007): Dietary nutrient intakes and skin-aging appearance among middle-aged American women. Am. J. Clin. Nutr., 2007 Feb. 86: 1225-1231.

10. Goethe, J. W. (1795): Wilhelm Meisters Lehrjahre, Kapitel 10: Wilhelm zu Philine.

11. Rützler, H., Reiter, W. (2015): Muss denn Essen Sünde sein?: Orientierung im Dschungel der Ernährungsideologien. Kapitel: Warum wir dem Märchen vom Schlaraffenland kein Happy End gönnen. Brandstätter-Verlag

12. Rützler, H., Reiter, W. (2015): Muss denn Essen Sünde sein?: Orientierung im Dschungel der Ernährungsideologien. Kapitel: Als Rauchen, Whiskytrinken und Fleischessen noch sexy waren. Brandstätter-Verlag

13. Gruber, M. (2015): Mut zum Genuss. Warum das gute Leben gesund und glücklich macht. Kapitel: Gesunde Bürger im gesunden Staat. edition a-Verlag

14. Gruber, M. (2015): Mut zum Genuss. Warum das gute Leben gesund und glücklich macht. Kapitel: Einleitung oder: Warum mutig sein?. edition a-Verlag

15. Hohmann, C. (2007): Xylitol. Zuckeraustauschstoff gegen Karies. PZ Pharmazeutische Zeitung online.; online verfügbar unter: http://www.pharmazeutische-zeitung.de/?id=3724

16. Mattila, P. T. et al. (2002): Improved bone biomechanical properties in xylitol-fed aged rats.Metabolism.; 2002 Jan; 51 (1): 92-6.

17. Kurola, P. et al. (2011): Effect of xylitol and other carbon sources on Streptococcus pneumoniae biofilm formation and gene expression in vitro. APMIS. 2011 Feb; ;119(2):135-42. doi: 10.1111/j.1600-0463.2010.02703.x. Epub 2010 Dec 1.

18. Kim, H. J. et al. (2016): Ameliorating Effect of Dietary Xylitol on Human Respiratory Syncytial Virus (hRSV) Infection.; Biol. Pharm. Bull. 2016;39(4):540-6. doi: 10.1248/bpb.b15-00773.

19. Islam, M. S.; Indrajit, M. (2012): Effects of xylitol on blood glucose, glucose tolerance, serum insulin and lipid profile in a type 2 diabetes model of rats.; Ann. Nutr. Metab. 2012;61(1):57-64. doi: 10.1159/000338440. Epub 2012 Jul 20.

20. Honkala, S. et al. (2014): Effect of erythritol and xylitol on dental caries prevention in children. Caries Res. 2014;48(5):482-90. doi: 10.1159/000358399. Epub 2014 May 21.

Herausgeber:
Xucker GmbH

Redaktion:
Christin Chmielorz

Layout und Gestaltung:
Juliane Meißner

Impressum

30 Tage Xucker Challenge

ISBN 978-3-00-055518-3
3. überarbeitete Auflage 2020

Xucker GmbH
Bessemerstr. 80, DE-12103 Berlin
Telefon: +49 (0)30 120 843 333
E-Mail: info@xucker.de

www.xucker.de

Follow us on